Jacob Wackernagel

Vermischte Beiträge zur griechischen Sprachkunde

Jacob Wackernagel

Vermischte Beiträge zur griechischen Sprachkunde

ISBN/EAN: 9783743694972

Hergestellt in Europa, USA, Kanada, Australien, Japan

Cover: Foto ©Thomas Meinert / pixelio.de

Weitere Bücher finden Sie auf **www.hansebooks.com**

VERMISCHTE BEITRÄGE

ZUR

GRIECHISCHEN SPRACHKUNDE

VON

JAKOB WACKERNAGEL.

PROGRAMM
ZUR
REKTORATSFEIER DER UNIVERSITÄT BASEL.

BASEL
FR. REINHARDT, UNIVERSITÄTSBUCHDRUCKEREI
1897.

1. ΑΓΡΥΠΝΟΣ

erklären die Alten aus ὕπνος mit Pleonasmus von γρ. Die sehr einfache richtige Erklärung würde kaum daneben gestellt werden müssen, wenn nicht eine Bemerkung Havets
in den Mémoires de la Soc. de lingu. VI 111 darauf schliessen liesse, dass das Richtige noch
nicht allgemein bekannt oder wenigstens nicht allgemein anerkannt ist. Havet zieht ἀγρυπνος
zu ἐγείρω und giebt ihm danach die Bedeutung »pour qui le sommeil est une veille.« Aber
das Verbum des Wachens hat im Griechischen immer ε in der ersten Silbe, auch wo der
Stamm am Eingang eines Kompositums steht: ἐγρέμαχος, ἐγρεκύδοιμος. Havet verweist dem
gegenüber auf homerisch ἄγρει, das ursprünglich »ouvre l'œil« bedeutet habe und von da zur
Bedeutung »alerte, vite« gelangt sei. Aber eine Bildung auf -εω ist bei ἐγείρω gänzlich un-
bekannt, und wenn Havets Deutung begrifflich ansprechend ist, so ist es nicht minder die
sowol das erforderliche ἀ- als das erforderliche -έω liefernde Buttmann'sche Deutung des
Wortes aus dem namentlich äolisch, aber auch bei Archilochus, Aeschylus und sonst erhaltenen
Verbum ἀγρέω »fangen«. (Lexilog. I 30 vgl. Ahrens Dial. I 25. 74.) Dass ein Imperativ »packe,
fasse an« den Charakter eines προσρηκτικόν ἐπίρρημα annahm, ist sehr natürlich. Übrigens ist
bemerkenswert, dass Homer zwar ἄγρη »Jagd«, βοάγριον eigtl. »Rindshäutestück« und die dem
ἀγρέω noch näher liegenden κύτ-ἀγρετος, παλιν-ἀγρετος, ζωγρεῖν »lebendig einfangen« bietet, aber
das Verbum ἀγρέω selbst eben nur in jener versteinerten Partikel. Man halte mir nicht das
pluralische ἄγρετε, v 149, entgegen; denn gemäss seiner gut bezeugten Proparoxytonese
(Joa. Alex. 36, 31. Cramer Anecd. Ox. I 71, 29; doch s. Herodian I 504, 13a. Apoll. Soph. 6, 23)
ist es nicht eine II. pl. von ἀγρέω, sondern eine Pluralisierung von ἄγρει, wie δεῦτε von δεῦρο,
oder ist wenigstens als eine solche Pluralisierung empfunden worden. Nach Anecd. Ox.
I 71, 29 soll Antimachos dafür ἄγρετε gesagt haben, mit einer Anähnlichung an das dazu gegen-
sätzliche ἀργέω »rasten«, die sehr verwunderlich, aber bei diesem zu sprachlichen Seltsam-
keiten geneigten Dichter nicht schlechterdings undenkbar ist. — Doch nicht bloss das ἀ- wäre
bei Havets Deutung von ἀγρυπνος unerklärbar. Auch ein *ἐγρυπνος wäre kaum zu verstehen.
Ein Nomen *ἐγρος »wachend« oder »Wache« liesse sich kaum aus ἐγείρω bilden, und ein Kompositum »mit wachem Schlaf« wäre ein sehr gesuchter Ausdruck für »wach«.

Für »schlaflos« hat Homer das Kompositum ἄ-υπνος. Wenn dafür seit dem V. Jahrhundert ἄγρ-υπνος erscheint, sind wir nicht verpflichtet, hierin einen von vorn herein negativen Ausdruck zu sehen. Wenn homerisch ἄγρ-αυλος als Epithet der βόες, πόριες und ποιμένες »auf dem freien Felde hausend« bedeutet (und attisch ἄγροικος »auf dem offenen Lande wohnend«), so muss ἄγρ-υπνος ursprünglich bedeutet haben »auf dem freien Felde schlafend« als Epithet wachehaltender Hirten und Kriegsleute. Schulze Quaest. ep. 73 hat gezeigt, dass Ausdrücke für Schlaf gern auf das nächtliche Wachen angewandt werden: so ἰαύειν 1470. Σ 259. Τ 71, καθεύδειν Aristoph. Lys. 282, ἐκκαθεύδειν Thue. 4, 113, 2. An diese Grundbedeutung, die wol nur zufällig genau auf ein Priapeum des Leonidas von Tarent passt (Anthol. 16, 295: αὐτοῦ ἐγ' αἰμασιαῖσι τὸν ἀγρυπνοῦντα Πρίηπον ἔστησεν λαχάνων Δεινομένης φύλακα), knüpft die Bedeutung »wachsam« an, die wir an zwei der drei ältesten Belege des Wortes haben, bei Hippokr. de aere c. 24 (p. 71, 1 Kühl.) τὸ ἐγκταιόν ἐν τῇ φύσει τῇ τοιαύτῃ καὶ τὸ ἄγρυπνον als Gegensatz zu ibid. p. 70, 15 τό τε ῥάθυμον καὶ τὸ ὑπνηρὸν ἔνεστιν ἐν αὐτοῖς ἰδεῖν und bei Aesch. Prom. 358 ἀλλ' ἦλθεν αὐτῷ Ζηνὸς ἄγρυπνον βέλος. Diese Bedeutung ist nie ganz erloschen; Belege aus der spätern Poesie und der biblischen Gräcität giebt der Thesaurus. Aber daneben trat auch schon im V. Jahrhundert die Verwendung des Wortes für Nicht-Schlafen schlechtweg, für Schlaflosigkeit als Leiden: Hdt. 3, 129, 11 ἐπ' ἐπτὰ μὲν δὴ ἡμέρας καὶ ἐπτὰ νύκτας ὑπὸ τοῦ παρεόντος κακοῦ ὁ Δαρεῖος ἀγρυπνίῃσι εἴχετο.

2. ΑΙΔΗΣ.

In KZ. 27, 276 habe ich nachzuweisen versucht, dass der Name Ἀΐδης nicht nach der Etymologie der Alten auf α privativum verbunden mit Ϝιδ- zurückgehen könne, also der Unterweltsgott nicht als der Unsichtbare bezeichnet sei;[1) dass vielmehr attisch ᾳ gegenüber homerisch αι einen Grundlaut ᾱͅ, also in diesem Fall eine Grundform Ἀϊδης voraussetze. Hiegegen hat man (zuletzt Fick BB. 23, 185) geltend gemacht, dass Homer neben Ἀΐδης mit langem α viel häufiger kurzes α habe, so in allen Formen von Ἀΐδῃ, in Ἀΐδαο, in Ἀΐδι, und auch in Ἀΐδος vor δῶ, -δε. Bei dem häufigen Wort für »immer«, wo der Ursprung aus αἰϝεί feststeht, finde sich kurzes α nur dreimal, an den jungen Stellen Μ 211. ψ 648. ω 379. Aber dieses an sich berechtigte Bedenken findet darin seine Erledigung, dass vor Kürzen, denen eine Länge folgt, Homer ganz regelmässig Silben kürzt, die unter andern Bedingungen konstant lang sind. Ich verweise auf die Behandlung des α, dem ursprünglich ein Ϝ folgte, das z. B. vor -ιδης feststeht, finde sich kurzes α nur dreimal, an den jungen Stellen Μ 211. ψ 648. ω 379.

---

1) Andere neuere Etymologien: Frohde BB. 20,205 (aus ασϜοϝιδης); Schulze Quaest. ep 168 (aus ανϜιδης).

auch in der Schrift und in Formen wie ὅκοσο ὅταρ ὅκιον ὅκναι ὅκνοι, sowie ὅταν vor konsonantischem Anlaut, wenigstens in der Aussprache zu kurzem *e* reduziert ist. Dass ionisch ausserhalb des metrischen Zwanges der Hadesname als Creticus gesprochen wurde, zeigt Semonides 1, 14 πέμπει μελαίνας Ἀίδης ὑπὸ χθονός und 7, 117 ἐξ οὗτε τοὺς μὲν Ἀίδης ἐδέξατο, Herodas 3, 17 κἢν μή κοτ᾿ αὐτὴν οἶον Ἀίδην βλέψης. Doch vgl. Anakr. Fr. 43, 5.

Auf Grund dieser Form mit κα mutmasst Smyth Sounds and Inflections, Ionic p. 162 Zusammenhang mit αἶα »Erde« oder αἰεί »immer«. Die zweite Herleitung ist erstens begrifflich undenkbar, weil kein Grund war, den Unterweltsgott vor den übrigen θεοὶ αἰὲν ἐόντες als immerwährend auszuzeichnen, und zweitens formal, weil attisch Ἅιδης für die Grundform Ἀίδης Spiritus asper fordert. Der Spiritus lenis der homerischen Formen, den Z. 284 κατελθόντ᾿ Ἀίδος εἴσω, Ψ 137 πέμφ᾿ Ἀιδοσδε, κ 534 — λ 47 τ᾿ Ἀίδῃ gewährleisten, beweist nichts. Wie er zu beurteilen ist, zeigen am grellsten die Fälle, wo Homer innerhalb Einer Wortsippe die Formen, die auch attisch sind und im Attischen Asper haben, mit dem Asper giebt, dagegen unattische Formen mit dem Lenis[1]): ἅλις »genug« (z. B. in dem häufigen ἢ οὐχ ἅλις): ἄσαιμι I 489 »ich möge sättigen«, ἀλλομαι z. B. in καθαλλομένη: ἆλτο ἅλμενος in ἐπᾶλτο ἐπάλμενος (κατππ- μετ-), ἀμα θ 161: ἠμαθὲς Μ 385. Ν 336, ρ 413, ἀφ-αμαρτάνω: ἀπ-ήμβροτον, ἐφ-αμαρτάσαι: βατ-άμονες, ἂ u.s.w.: ἔτης, dessen homerischer Lenis durch die Nachahmung des Aeschylus und Euripides gesichert ist (Herodian zu Z. 239), ἕνεκα φ 155: τούνεκα, ἡμεῖς Β 238: ἄμμε Ξ 62, ἐφ-ημέριος: αὐτ-ῆμαρ, ὑμεῖς z. B. ᾖ 76: ὕμμιν Δ 249. Κ 380 Dazu die par Fälle, wo Homer einzig den Lenis hat, weil die attische oder fürs Attische zu postulierende aspirierte Form ihm überhaupt fehlt. So οὖλος, οὖρος gegenüber att. ὅλος, ὅρος, wiewohl ρ 343 ἄρτον τ᾿οὔλων (nach Benndorf Eranos Vindobon. 377 »gerolltes Brot«) und δίσκουρα den Lenis ungenügend sichern. Sodann αἶα Θ I 1 506 u.s.w. (s. unten); ἄτερ »ohne« Ι 604, das, weil es auf eine Grundform mit anlautendem *s*- zurückgeht, echt attisch *ἅτερ lauten müsste.[2]) Entsprechendes gilt von

---

[1]) Ich betrachte nur den Spiritus als wirklich bezeugt, der sich aus Synaloiphe ergiebt. Auch für Herodian war dies der Massstab, wie z. B. aus seinen Bemerkungen zu Z. 239 folgt. Wo dieser Anhaltspunkt fehlte, waren die alten Grammatiker ratlos; man vergleiche ausser Herodian zu Z. 239 denselben zu Ο 365 betr. ἦε: καὶ οὕτως ἐπείσθησαν οἱ γραμματικοὶ πρὸς διάφορον ἐτυμολογίαν διαφόρως ἀναγνῶσκαι oder Hesych sv. ἔρχων (scil. οὖρον): εἰ μὲν ὀπτικῶς, τὸν ἱκτικὸν λέγει, οἷον πορευτικόν, τὸν ἐκτέλεσι ποιοῦντι, ὅ ἐστι πορεύεσθαι, εἰ ὀξ ὕπος, τὸν ἱματῶδην, καὶ ὑκμον, οἷον ἔνυγρον. Daraus erklärt sich, was Lehrs De Aristarchi stud. Hom.[2] 315 bemerkt: „In paucissimis, quae in hoc genere supersunt, mirum est complura esse, quae vel non probata vel non probabilia sunt." Wenn mehrere durch keine Synaloiphe gesicherten Wörter wie ἦος und ὀββάλλειν einen zu den obigen Ausführungen stimmenden Lenis aufweisen, beruht dies darauf, dass eben Herodian den Spirituswechsel ἦμαρ ἡμέρα, ἄμυδις ἅμα und die Psilose gerade der äolischen Formen beobachtet hatte (zu Ν 576, 16, Τ 89) Übrigens gab Tryphon mit andern dem Worte ἦος den Asper, Cramer Anecd. Par. III 367, 16 — Was Fick Odyssee p. 12 über den Spiritus bei Homer äussert, kann ich mir nicht aneignen. Ebensowenig die betr. Bemerkungen Thumbs auf S. 55 seiner sonst verdienstlichen Untersuchungen über den Spiritus asper.

[2] Spiritus lenis an Stelle von ursprünglich anlautendem *s*- darf ausserhalb der Fälle von Dissimilation wie ἀδελφός wol als unattisch bezeichnet werden, trotz ἀνέω, ἔα (das Bechtel Gott. Nachr. 1888, 409 fälschlich

ἐλεπολέουσ Ζ 424, das Osthoff Bezz. Beitr. 22, 356 hubsch zu lit. *selù* »schleichen« stellt. Aber nicht nur in einer Anzahl Wörter lässt sich dieser Gegensatz zwischen Lenis bei nicht-attischer Form und Asper bei aspirierter Verwendung im Attischen beobachten, sondern Homer hat erstens überhaupt bei allen nicht-attischen Wörtern den Lenis, mit Ausnahme von Τ 402 ἐπεὶ χ'ἑώμεν πολέμοιο (mit der alten Variante χ'ἑώμεν), das man wol zu ἵημι ζω, und von ἐμήσθαι (ἑρ- Τ 331. 370, καθ- Τ 372), das eben deswegen wol der alten Atthis zu vindizieren ist. Und zweitens stimmt Homer in überhaupt allen auch dem Attischen eignen Wörtern mit diesem, ausgenommen bloss ἡμέξα (Μ 448 und sonst), dessen Lenis zu dem von herakleisch ἡμάξιτος stimmt; das Wort wird bei psilotischen Griechen zu Hause gewesen sein und in Athen erst späterhin den Asper erhalten haben. ἀνέω (Δ 56, οὐχ ἄνυσιν δ 544, ἐπήνυσαν Σ 226, κατάνεται Σ 58 = φ 537) widerspricht nicht, da der Lenis auch attisch war: Ar. Plut. 196 ταῦτ' ἀνύσετε, Soph. El. 1456 u. Eurip. Hippol. 363 κατανύω u. s. w. Wie weit der zur Etymologie stimmende Asper der Grammatiker (Herodian I 541, 20) daneben auch Geltung hatte, entzieht sich bis jetzt unserer Kenntnis. Für diese eigentümliche Verteilung des Spiritus je nach der Zugehörigkeit eines Wortes zur Atthis weiss ich keine andre Erklärung als die, dass der Homertext ursprünglich durchgehend Psilose hatte, was für einen æolisch-ionischen Text ja zu postulieren ist, dass aber dann bei den auch den Attikern geläufigen Wörtern eine Akkommodation an den attischen Gebrauch stattfand. Für das Alter der Psilose bürgt z. B. das nicht aspirierte ἔτης der Tragiker (p. 5). Dass aber in diesem Punkte Attika auf die Sprachform der homerischen Gedichte Einfluss geübt hat, kann überraschen, da deren Vokalismus von Attizismen so rein ist: für falsches attisches οω aus εω, εωυ bleibt, nachdem für κτεριοῦσιν die Proparoxytonese erwiesen worden ist (Indog. Forsch. II, 151ff.) und nachdem Schulze Ztschr. für Gymn.-Wesen 1893, 159 δεῖους σπέους (zu l. δέεος, σπέεος) unter Hinweis auf Herodots δέους aus nenionischer Kontraktion von εεο zu εου erklärt hat, nur λ 11 ποντοπορούσης statt -εύσης übrig. κ in Βιάνορα, Ψ2 Aristarchs

---

mit dem unattischen ἄτη gleich stellt), ἄψεα, ἱμάς, ὅπος. Die beiden Fälle, wo scheinbar sogar anlautendes σ durch Lenis vertreten ist, ἀχμενος, das schon EM. 155, 23 an ἥδω anknüpft, und ἴσω sind wol anders zu etymologisieren. Der Herleitung von ἴσω aus srid- steht auch das lange ι der ersten Silbe im Weg. Und ἄχμενος heisst zwar an der Mehrzahl der Stellen "erfreut", namentlich beim dativischen Ausdruck (z B. Σ 108. Soph Trach. 18 Eur. Phoen. 1614. Ar Pax 582 und als prädikative Bestimmung zum Verbum des Sehens (z. B. Soph Trach 755. Phil. 271. Lys. 1.12 Aber daneben stehen Stellen wie Υ 350 φύγεν ἄσμενος ἐκ θανάτοιο (63 = 466 = χ 131 πλησίον ἐκφυγέειν ἧτορ ἄσμενοι ἐκ θανάτοιο εἰδώς ὀλέσαντες ἑταίρους, Aesch. Pers. 736 (Xerxes) ἄσμενος μόλιν γέφυραν, wo ἄσμενος durchaus nicht freudige Gemütsstimmung ausdrückt, sondern "gerettet, geborgen" bedeutet, entsprechend ἄσμενος μόλεν "sich durchschlagen" auch ἄσμενος καθίζειν Soph Phil 271 (?) und Lys 1, 13 "behaglich ruhen") Der Gedanke, dass hier ἄσμενος zu nes- mit der Bedeutungsfarbung von got. *nasjan ganisan* "erretten" bezw. "errettet werden" gehöre, also auf ns-s-menos beruhe, ist nicht abzuweisen. Entweder hat sich daraus ἄσμενος "erfreut" so herausgebildet, wie sonst aus Ausdrucken für ausseres Glück solche für Heiterkeit, Zufriedenheit, oder aber ein altes *ἄσμενος ist allmählich wegen seiner sonstigen Gleichlautigkeit mit ἄσμενος mit dessen Spiritus lenis gesprochen worden. Vgl. mundartlich *niesen* "sternutare" statt *niesen* nach *niessen* "geniessen".

richtiger Lesung für das vulgate Βατνορα ist kein Attizismus, sondern derselbe Aeolismus, den wir in andern nicht ionisierten Eigennamen, wie Ναρπαχία, Λέρισσα treffen, vgl. Fick Ilias 546. Wollten wir aber deswegen den homerischen Spiritus aus irgend einem andern nicht-ionischen Dialekt herleiten, so entstände dieselbe Schwierigkeit. Zudem musste sich dieser andere Dialekt mit dem attischen im Formenschatz merkwürdig nahe berührt haben.

Die andere von Smyth vorgeschlagene Kombination, die mit ζία »Erde«, ist begrifflich ansprechend und auch durch den Asper des nunmehr feststehenden Λιδης nicht ausgeschlossen, da das spezifisch homerische ζία ganz wol an Stelle eines ältern *ζία getreten sein kann. Immerhin möchte ich, bevor ich das Urteil abschliesse, noch auf eine andere mögliche Beziehung hinweisen. *Λιδ- liegt es am nächsten auf *ΛιΓιδ- und dieses, wenn nicht auf γαιριδ-, so auf sairid- zurückzuführen. Damit werden wir sofort an lat. saerus erinnert, dessen Begriff dem Wesen des Unterweltsgottes nahe genug liegt. Griechisch *ζιΓός haben wir vielleicht auch in ζιχνός ζιχνός (mit ionisch-epischem Spiritus lenis), Attribut grausiger Dinge. So bei Archiloch. Fr 38 (82 Hiller) δείπνον ζιχνές, bei Pindar: κόρος ζιχνός zweimal, λυρός ζιχνός, κέντρον ζιχνές, bei den Tragikern z. B. bei Aeschylus ζιχνός νόσος, ζιχνᾶ δύσθροα βάγματα, Νυκτός ζιχνᾶ τέχνα (von den Eumeniden) u.s.w. (Pers. 281 mit Steigerung ἄποτμον βοὰν δυσχιχνᾶ, Eum. 575, 675 und vielleicht auch sonst mit Umbiegung der Bedeutung unter dem Einfluss von ζία im Sinne von »immerwährend«. Bodenheimer De Homericae interpretat. etc. p. 20 ff. Verf. KZ. 33, 49.) Der attischen Gemeinsprache ist es fremd; Aristophanes hat es nicht einmal in parodischen oder lyrischen Partien. Das -ζνός -ζνός, wofür die Überlieferung der Tragiker gelegentlich -ζνός bietet (nach Nauck Mélanges Grécorum. 2, 441 sq. als blossen Fehler), gehört mit dem in προσ-ζνός, ἀπ-ζνός, πρ-ζνός, γελ-ζνός σχρ-ζνός zusammen, von denen Brugmann Curt. Stud. 4, 155 πρχνή vielleicht mit Recht trennt. Ihre Bedeutung scheint am verständlichsten, wenn wir ein *ἄνος oder *ἄνος *ἄνος; »Antlitz« zu Grunde legen, das mit altind ánaka- »Antlitz« (schon im Rigveda häufig) zusammengehört und wie dieses auf dem Verbum des Atmens (gr. ἄνεμος) beruht. So wesentlich Benfey Or. u. Occ. 1, 193. Danach wäre die Grundbedeutung von ζιχνός »von grausem Antlitz«.[1])

Will man bei *Λιδ- Zusammenhang zugleich mit saerus und mit ζία annehmen, so wäre ein altes *ζιΓα als Bezeichnung der Erdgöttin anzusetzen und der homerische Gebrauch von ζία auf alte Metonymie nach der Weise von homerisch Ἄρης »Krieg« Ἥφαιστος »Feuer«, Ἐλευθούσα »ὦδῖνας«? (schol. T zu T 119), nachhomerisch Δημήτηρ »Erde« u.s w.[2]) und die Schreibung

---

[1]) Das ζ- von ζιχνός zieht Froehde BB 7, 325, 14, 99 zu lat. aerumna lit. aisus »bitter, traurig«. Johanssen BB. 18, 4 zu ζία; wonach ζιχνός eigentlich „langwierig" bedeuten würde; dies sicher falsch. προσ-ζνός, ἀπ-ζνός verknüpft Brugmann Grundr. 2, 1013 mit got. ansts „Gunst", ahd. unnum „wir gönnen".

[2]) Auf Kallimachos Hekale II 8 ὡς ὄξιον ὑς' Ἡραίστοῦ τάχιν Νία ist hiefür kein Gewicht zu legen. Vgl. Wilamowitz Gött. Nachr. 1893, 731 A.

ζιζ (statt *ζιζ oder *ζῦζ, was metrisch überall möglich wäre) auf Angleichung an γζιζ zurückzuführen. Diese Deutung von ζιζ scheint mir wegen Αιζίς, Αἰζίτης, sowie Αιζ bei Mimnermos Fr. 11. Soph. Fr. 828. 829 N², wenigstens Prüfung zu verdienen.

Ἀιδ- ist bei Homer maskulinisch: Ἀιδός—πολέρετο κρατεροῦ Ν 415, Ἀιδι κλυτοπώλω Ε 654. Ν 445. Η 625, aber es fragt sich, ob das nicht auf einer Verdunkelung beruht und Ἀιδ- sich nicht zu Ἀιδης gleich verhält, wie sonst die auf -ις zu denen auf -ιδης, sodass es die Unterweltsgöttin bezeichnete. Jedenfalls braucht man für die Endung von *Ἀιδης nicht strikt patronymische Bedeutung anzunehmen. Vgl. Usener Götternamen 23ff. und zu der durch die Form nahe gelegten Möglichkeit, dass das männliche *Ἀιδης das jüngere Wort wäre, dens. S. 35.

3. ΑΡΓΙΚΕΡΑΥΝΟΣ und Genossen.

Das Griechische besitzt eine Anzahl Bahuvrihikomposita, in denen ἀργι- in der Bedeutung »glänzend, hellfarbig« das erste Glied bildet. Homer hat ἀργικέραυνος, ἀργιόδους, ἀργίπους (als Beiwort der Hunde, bei Soph. Ai. 237 als solches des Widders), Archilochus Fr. 160 Bgk. ἀργυλας (wofür Nikander ἀργιλιπ-), Pindar Fr. 200 Bgk. ἀργίλοφος κολώνα (ein fragliches Beispiel, da die Handschriften ἀργι- bieten), Phrynichos trag. Fr. 16, p. 724 N² ἀργικήτας als Beiwort des Stiers (Nauck ἀργικέτωπος), Soph. Fr. 491, 2 ἀργινεφὴς ὑπός. Spätere zitieren poetisches ἀργικέρως (Diod.) und ἀργιόεις (Ael. Nat. an. 12, 36, Lobeck ἀργίνοος). Dieses ἀργι- gehört unverkennbar in die Sippe von ἀργεινός, ἐναργής u. s. w., wo ihm das homerische Adjektiv ἀργός am nächsten steht. Warum heisst es aber nicht *ἀργοκέραυνος?) Osthoff Das Verbum in der Nominalkomposition S. 201 Anm. legt im Anschluss an Pott eine Nebenform *ἀργος zu Grunde, die sich zu ἀργός gleich verhalten habe wie νωός zu νέος, und die vor vokalischem Anlaut des zweiten Gliedes z. B. in ἀργι-όδους durch gesetzmässige Elision zu ἀργι- geworden, sich in dieser Form auch vor konsonantisch anlautenden Wörtern eingestellt habe. Bei dieser Erklärung vermisst man den Nachweis, dass irgendwo sonst die Neigung bestanden habe im Eingang von Kompositis einen -ο- Stamm durch einen -ι- Stamm zu ersetzen. Was dagegen Osthoff als entferntere Möglichkeit zulässt, dass für ἀργο- ein -ι- Stamm eingetreten sei, entspricht einer für die indoiranischen Sprachen erwiesenen Neigung. Caland hat KZ. 31, 267 gezeigt, dass im Avestischen ausserordentlich oft Adjektiva auf -ra- als erste Glieder von Kompositis das -ra- durch -i- ersetzen, also z. B. mit dərəzra- »fest« das Kompositum dərəzi-raθa »feste Wagen besitzend« gebildet wird. In KZ. 32, 592 hat Caland dann seine Beob-

---

¹) Vgl. Clemm Curt. Stud. 7, 270, über ältere Erklärungsversuche.

achtung auch aufs Indische ausgedehnt und wenigstens *luci-* als solche Kompositionsform von *lura-* »kräftig« nachgewiesen. Man kann den von Caland beigebrachten indoiranischen Belegen dieser eigentümlichen Regel noch weitere beifügen : aus dem Avesta *jaiwi-rafra-*, *námy-ásu-* gegenüber altind. *gabhīra-*, *namra-*; aus dem Indischen *çiti-pad-* u. ähnl.: *çritra-* »weiss«, *dabhīti-* »Feind« aus *dabhi-iti-*: *dabhra-* »gering«; vgl. auch *saci-vid-* »anhänglich« mit *ā-sk-ra-* »zusammenhaltend«. Besonders aber mache ich auf den vedischen Personennamen *ṛji-çvan-* aufmerksam, dessen erstes Glied gewiss dem Adjektiv *ṛjra-* »glänzendfarbig, rötlich« gleich zu setzen ist. Dieses *ṛji-* entspricht genau dem griechischen ἀργ-. Und der Ring schliesst sich, wenn wir ἀργός selbst zum altindischen Simplex *ṛjrá-* stellen und aus *ἀργρός* entstanden sein lassen mit demselben Schwund von ρ hinter einer mit ρ anlautenden Konsonantengruppe, den J. Schmidt KZ. 33, 456 für ὀρθαγορίσκος (lakon. ἑορθαγορίσκος) »Spanferkel«, Ὀρθαγόρας, Ὀρθαγόρας ὀρθόλαλος, Ὀρθος (N des Höllenhunds), Ὀρθαγόρας (argiv. Βορθαγόρας, nachgewiesen hat, und der auch gemäss der Ueberlieferung bei Alkman 23,61 für Ὀρθία (so ohne ρ Epigr. Kaibel 806,1, Hr. Orph. 36,8) als Beinamen der Artemis anzunehmen ist. (Anders über dieses Diels Hermes 31,360). Vgl auch, wie Aristophanes Av. 489 Ekkl. 741 mit ὀρθρος ὀρθρος spielt.

Die Calandsche Regel ist somit gemein-indogermanisch. Sie bewährt sich im Griechischen nicht bloss an ἀργικέραυνος und Genossen. Ich ziehe hieher erstens Hom. κυδι-άνειρα, nebst den u pr. Κυδι-μαχος, Κυδι-γένης, Κυδι-αλης, Κυδι-λας, Κυδι-μένης, Κυδι-ιππος Hom. κυδρος, und Hom λαθι-κηδης Hesiod λαθι-φθογγος stumm»: Homer λάθρα (vgl. Soph. λαθιποινος), bei denen die partielle Annäherung der Bedeutung an die Verbalkomposita wie τερψιμβροτος gleich zu beurteilen ist wie bei den mit φιλο- beginnenden. Eigentlich heisst κυδιάνειρα mit sich auszeichnenden Männern«, und λαθικηδης »mit verborgnen Kümmernissen«. — In Homers χαλι-φρων: att. χαλαρός ist vor dem ι das schliessende α der zweisilbigen Wurzel χαλα- verschwunden. Da nun für χαλι- später χαλαι- (Nikander Ther. 458 χαλαί-πους »hinkend«) eintritt, könnte man auf den Gedanken kommen, auch Homers μακι-ρονος Ταλαι-μενης (seit dem V. Jahrhundert ταλαί-πωρος, ταλαι-φρων) zu Homers μακρός und τάλαρος in Beziehung zu setzen und aus *μα- *ταλα- durch Angleichung an die nächst verwandten Bildungen entstanden sein zu lassen; aber wie das von Homer an häufige κραται- nebst κρατιος? (Vgl. über diese Bildungen Osthoff MU. 4,320 ff. Schulze Quaest. ep. 30 Anm.) Dagegen Aesch. λάμπ-ουρις als Epithet und dann Bezeichnung des Fuchses beruht nicht auf λαμπι-: λαμπρός, sondern auf λάμπρο-ουρος mit dissimilatorischer Ausstossung des ersten ρ. Ebenso Hes. νωθ-ουρος, ὁ κδύνατος συγγίνεσθαι ἤ, ὄνος auf *νωθρ-ουρος, nicht auf νωθής, wie Lagercrantz KZ. 35,275 will; vgl. Hes. νωθρο-κάρδιος: βραδυς κατα λογισμόν.

Vereinzelt tritt in den indoiranischen Sprachen solches *i* auch für andere Suffixe als *-ra-* ein So in ved. *ṛji-pya-* Beiwort des Adlers: *ṛju-* »gerade«. Dahin aus dem Griechischen

Homers πομι-μνϊδες: Hom. πυκνος, πυκα. Ferner att. :χθυμος (auch bei Hippokrates, wo es :χθυμος lauten müsste) und bei Hesych ρχϊλχς εἴκτως; δῆμος, ρκνδῆλετ ἐμμφανές und das wegen seines ε aus ει aus η als ionisch zu betrachtende μέωνος εἴωνος (diese drei nach Ahrens Kl. Schr. I 460, der auch :χισερος χαλεπος dahin zieht): ρχνδος, ρχδμος.

Auch das von Homer an häufige χαλλι- gegenüber dem Simplex böot. χαλλός, woraus Hom χαλός, att. χαλος, muss hieher gehören, obwohl *χαλι- mit einfachem λ verständlicher wäre. Das doppelte λλ könnte aus χαλλος oder aus χαλλιων. χαλλιστος stammen, aber bei diesen selbst ist es unaufgeklärt. Nur mit Vorbehalt reihe ich Personennamen an, wie Θραμι-χλϊς: Θχυός (Fick-Bechtel, Personennamen 129), Καρτι-δῆμος Κρατι-δῆμος Καρτι-νικος Κρατι-σθενης; κρατός (ibid. 173), noch zögernder die mit Θερσι- Θερσα- beginnenden gegenüber θερσος. Namensformen wie Αἰσι-γένης Βρασι-χλϊς Κερδι-μμας Κερδι-κρατης Μαρι-σθενης mahnen zur Vorsicht. Die zahlreichen Personennamen verbalen Ursprungs mochten ι begünstigen, ausserdem etwa das ε aus einem gleich beginnenden oder gleich ausgehenden Personennamen stammen, wo es den Anlaut des Hinterglieds oder den Auslaut des Vorderglieds bildete. Handgreiflich ist diese Erklärung für das am Ausgang des V Jahrhunderts auftauchende Ξυνθικλϊς. Dass dieses aus dem viel früher belegten Ξυνθιππος unter dem Einfluss der Namen (oder eines Namens) auf -χλϊς variiert ist, ergiebt sich aus der Bemerkung Bechtels S. 221, dass ξυνθος χλέος eine kühne Verbindung wäre, und aus der Thatsache, dass es überhaupt keine andern mit Ξυνθ- beginnenden Personennamen gegeben zu haben scheint, als diese beiden.

Ausserhalb der Eigennamen ist ein Weiterwuchern dieses adjektivischen -ι- nicht wahrzunehmen μαψλογος und Genossen gegenüber Hom. μάψ (wofür Ahrens Kl. Schr 1 464 Anm., da es sich nur vor Vokalen findet, μάψ aus *μάψι mutmasst) kann an ὀψι- ὀψι, sowie τέρψι- u. ähnl. angelehnt sein. Unter den Komposita späterer Zeit mit unstammhaftem ι (Clemm in Curt. Stud. 7, 27 ff.) hat bloss ροιζχλος »krummlippig«: ροιζός adjektivisches Vorderglied. Und dessen ι für ο beweist nichts. Denn erstens ist diese Wortform überhaupt unsicher; an der einzigen Belegstelle, Semonides Fr. 27, liest Bergk mit Rücksicht auf das Citat bei Athen. II, 480 D ροιζ χειλος, was willkommen ist, weil man *ροιζοχειλος erwarten müsste. Sodann könnte -ξι für -ζο- den verbalen Kompositis mit -ζο- hinter gutturaler Wurzel entliehen sein. — Wenn aber -ι- nicht weitergewuchert hat, so ist das bei Homer nicht belegte ἐχ- nicht jünger als die bei Homer belegten Bildungen, was durch das gleich zu besprechende ρκτερος bestätigt wird.

Die indoiranischen Sprachen lehren uns aber das ι nicht bloss in Kompositis suchen, sondern auch vor Suffixen, vor denen ja Nominalstämme gern die Form annehmen, die sie im ersten Glied von Kompositis haben (Verf. Dehnungsgesetz 7 ff). So treffen wir im Altindischen ṛi- nicht bloss in ṛii-grau- (s. oben), sondern auch in ṛji-ka-; turi- auch in turi-sh-

mant- tari-sh-tama-; allgemein -*e* (zu -*i-* gedehnt) vor dem Komparativsuffix *yas-*. Aus dem Griechischen gehören hieher ausser dem entsprechenden -*ion* aus -*i-gōn* im Komparativ, erstens einige Bildungen auf -*i-μος*. So treffen wir κάλλι-, κύδι- nicht bloss in Kompositis, sondern auch in Homers κάλλιμος. Hermeshy. κύδιμος; wonach wir aus Sophokles ἐχθιμος neben Hom. ἐχθρός und aus Hom. φαίδιμος neben Pind. Aesch. u. s. w. φαιδρός (in der Nekyia Φαίδρα als Personenname) auf einstiges Vorhandensein von Kompositis mit ἐχθι- φαιδι- zurückschliessen dürfen: man beachte den Personennamen Φαιδ-ώπας. Zweitens lässt sich πυκινός, homerische Nebenform von πυκνός, nicht von dem πυκι- der Komposita trennen. Besonders evident sind aber die Komparative auf -*i-τερος*. Neben ἡδ-ίωνος stellt sich Hom. ἡδί-τερος (Theognis ῥίγιστος, Pindar Ol. 8, 60 ῥίγιστος) und Hom. ῥιι-τατα, neben καλλί-ζωνος u. s. w. eleisch (Collitz 1156 = IGA. 113) καλλι-τέρω; vgl. neugr. καλλίτερος. Dazu kommen Hom. λωί-τερος 'Kompar. zu *λατρός Hom. λάρός?) und δεξι-τερός, dem in den andern Sprachen die Tochterformen von indog. *deksi-no-* und im Griechischen selbst δεξιός, wol für *δεξι-ϝός (vgl. gall. *Dexsiva* sowie got. *taihswa)* zur Seite stehen. Dem *deksi-* aller dieser Formen entspricht vielleicht vedisch *dáksha-*»geschickt« als phonetische Umwandlung von indog. *deksro-*?? Mehr nur pro memoria führe ich ἐρυθι-ϑα, ἐρυσι-ϑα, »rubigo«: ἐρυθρός an. προίτερος, ὀψίτερος beruhen auf πρωί ὀψι-, dessen Eintreten für ὀψε in Kompositis dem Einfluss von ὀψι- zugeschrieben werden kann

Uebrigens war die Steigerungsbildung -*τερος* -*τατος* nicht panhellenisch. Dem Attischen sind, so viel ich sehe, alle erwähnten Bildungen fremd. Für λωίτερος kennt es nur λῷον, für ῥίτερος ῥίστατος nur ἐρῶν ἐρατος, die vielleicht erst verhältnismässig spät nach τάχα: τάχιστος u. dergl. aus dem Adverb ἦκα (urattisch *ῆκα) herausgebildet worden sind; der Superlativ kommt erst in der Telemachie δ 565, der Komparativ nicht vor dem V. Jahrhundert vor. Das Adverb ἦκα aber als Ausgangspunkt gelten zu lassen, sind wir wol berechtigt. Schon Ahrens Kl. Schr. I 468 hat bemerkt, dass in dieser Wortsippe ursprünglich der adverbiale Gebrauch durchaus überwiegt: er findet sich bei Homer an 72, der adjektivische nur an 7 Stellen. Speziell ῥίδιος tritt mit seinen 4 Belegen auffällig hinter ῥηίδιος mit seinen 23 Belegen zurück. Das Aeolische hat vielleicht nur βραίδιος gekannt. Wenigstens ist nur dieses (Theokr. 30,27), nicht das entsprechende Adjektiv wirklich belegt; ebenso nur das Adverb bei Herodot und im rhodischen Chelidonismos Vs. 16. Auch bei Homer könnte dies das Ursprüngliche sein. Der Gebrauch von ῥηίδιος sieht bei ihm danach aus, als ob er sich aus adverbialem Gebrauch entwickelt hätte. In der Ilias findet sich ῥηίδιος nur mit Infinitiven verbunden M 54 τάφρος οὔτ' ἄρ' ὑπερθορέειν ῥηίδι' οὔτε περῆσαι ῥηίδι' und Υ 265 ὡς οὐ ῥηίδι' ἐστι θεῶν ἐρικυδέα δῶρα ἀνθρώποισι γε θνητοῖσι δαμήναι οὐδ' ὑποείξαι, vgl. π 211. Ohne Infinitiv findet es sich erst in der Odyssee λ 146 ῥηίδιόν τοι ἔπος ἐρέω καὶ ἐνὶ φρεσὶ θήσω. Ein Adverb ῥηιδίως verhält sich zu dem primitiveren ῥέα ähnlich wie καλλίδιως zu καλῶς, die beide in beiden Gedichten belegt sind, und wie Σ 94 ἐνωπαδίως zu

Ο 320 κατ' ἐνῶπα ἰδών (Ahrens I 464). Doch hätte ἐνῶδιος als zunächst adjektivische Ableitung aus ἐνᾶ die Analogie von Hom. διχθάδιος, μινυνθάδιος, ἐπινεφρίδιος aus διχθά, μίνυνθα, ἐπὶ νεφροῖς für sich. Aber eben das Adverb ἐνᾶ wäre Grundwort. Ahrens Kl. Schr I 464 hat richtig betont, dass bei Homer -(ε)διος ausser in κουρίδιος nur zur Ableitung aus Adverbien und präpositionellen Ausdrücken dient. – Auch bei Komparativ und Superlativ ist die Priorität des adverbialen Gebrauchs kaum zu verkennen. ἐνῶτατ- kommt bei Homer überhaupt nur adverbiell vor, in ἐνῶτατα der Odyssee; ἐνῶτερος nur mit Infinitiv: Σ 258 τόφρα ἐνῶτεροι πολεμίζεμεν ἦσαν Ἀχαιοί. Ω 243 ἐνῶτεροι γὰρ μᾶλλον Ἀχαιοῖσιν δὴ, ἔσεσθε κείνου τεθνηῶτος ἐνικρέμεν. Rein adjektivisch ist dann auch das vorerwähnte ἐνῶτος, das δ 565 Attribut von βιοτή ist: eine Verbindung, die deutlich auf der adverbial-verbalen μεῖα ζώοντες aufgebaut ist.

Aus ἐνῶν oder genauer auch wieder aus dem adverbialen ἐῆον in der Phrase ἐῆον ἔχειν (und in *ἐῆόν εἰμι, der mutmasslichen Grundlage des etwas vulgären aber doch von Euripides nicht gemiedenen [Wilamowitz zu Eurip. Herakles 1407] ἐῆον εἰμί) bildeten die Attiker nach ἄτρεμας ἀτρεμίζειν u. dergl. das Verbum ἐρᾶζειν »sich erholen« (Anders aber wol unrichtig Ahrens Kl. Schriften I 469) andere daraus auch das von Hes. mit der Deutung ὑγιεία überlieferte Femininum ἐῆα. Ebenso liessen jene aus dem Superlativ ἐῆστος, für dessen Abschwächung zu einem nicht steigernden Ausdruck Ahrens Kl Schr. I 459 A. Belege giebt, ich weiss nicht nach welchem Muster ἐῆστόνν erwachsen (Ahrens Kl. Schr. I 461: aus ἐᾶ-εστῶ). Daneben versuchten sie sich in Neubildungen. Das von Phrynichos 402 Lob. verpönte ἐνῶτερος ist Neuerung der Gemeinsprache, obwol dieser Bildungstypus alt ist: Homer χερέιτερος, Mimnermos ἀρειότερος, Theognis ὀρειότερος u. s. w. Dagegen sicher attisch ist ἐχθίστερος bei Hyperides Fr. 86 Bl. (wofür bei Pollux 5, 107 fälschlich ἐχθιώτερος überliefert ist) und bei Herodes Att. περὶ πολέμου aus Thrasymachos. Wie man gerade auf die Endung -έστερος gelangte, ist nicht ganz klar. Am verständlichsten wäre ἐχθίστερος als Nachbildung des freilich im Attischen nicht belegten εὐδιέστερος (Hippokr. de aere c. 12), das seiner Endung nach ursprünglich zu εὐδιεῖς aus *εὐδιεσός (Grassmann KZ 11, 7) gehört, wie ὀρεστερος zu ὀρεινός aus *ὀρεσνος, aber als Komparativ von εὔδιος empfunden wurde. Nach εὐ-διέσ-τερος: εὐ-διος mochte sich ἐχ-θιέστερος: ἐχ-θιος einstellen. Die Komparative und Superlative mit τ-Suffix zeigen derartige Uebertragungen in Menge. So ist -κέτερος als Komparativendung derer auf -κος (Homer χερείτερος, später σχολαίτερος, ἡσυχαίτερος) von Homerisch παλαίτερος ausgegangen, das eigentlich zu πάλαι gehört, aber zu παλαιός gezogen wurde G. Meyer, Gr. Gramm. ³493. Und -εστερος selbst hat sich vielfach auf diesem Wege ausgebreitet. Ursprünglich nur bei dentalen und sigmatischen Stämmen finden wir es schon bei Homer in ε 190 ἀκρεέστερος neben dem Positiv ἀκρεής, offenbar weil von den Adjektiven auf -ερης her der Komparativ auf -κρέστερος gemein üblich war. Eben darnach Herodots ὑγκρέστερος: ὑγκρής, Epicharms ἐπικρέστερος: ἐπικρᾶ. Aehnlich beruhen ionisch-attisch ἑρρωμενέστερος und Platos ἱκμενέστερος auf dem Komparativ von εἰμενής, δυσμενής, und wol auch ion.-att. -νοέστερος, -νούστερος auf dem der Adjektiva auf -όεις (vgl. πυροέστερος (Olbia) steurern aus τιμήεις zu Archiloch. Aesch. τίμος »Preis«, vgl. Soph. τολμήστατε). In eigentümlicher Weise hat sich ἀκρατής: ἀκρατέστερος fruchtbar gezeigt; an ἀκρατέστερος schloss sich bei Hippokrates und den Attikern des vierten Jahrhunderts ἀκρητέστερος ἀκρατέστερος von ἀκρατος »ungemischt«; später an dieses vermöge begrifflicher Verwandtschaft εὔζωρέστερος zuerst bei Antiphanes und Ephippos an Stelle des εὔζωρότερος der ältern Komödie. Bedeutungsanalogie war auch sonst wirksam: ich verweise auf ἀγνιέστερος bei Antimach. Fr. 73, das man wol als Nachbildung von πενέστερος fassen darf, wie denn παλαίτερος auch auf diesem Wege Nachkommen gezeugt hat: die temporalen Komparative πρωξίτερος, ὀψαίτερος, ὀρθριαίτερος, vgl auch προτεραίτερος (Aristoph. Eq. 1164), πεπαίτερος. Alle Neubildungen auf -έστερος vermag ich nicht zu erklären. Bei der grossen Gruppe derer auf -ονέστερος — die in Pind. ἀπονέστερος, Pind. Aesch. u. s. w. ἀφθονέστερος, Epicharms διακονέστερος neben Positiven auf -ονος stehen, und in Hippon. Fr. 45 πωρρονέστατος, Aristoph. εὐδαιμονέστερος, καταπηγονέστερος, Xen. ἐπιλοιμονέστερος neben Positiven auf -ον — erinnert man sich an Homers προφρονέως und desselben δυσπονέος ἀχματοω ε 493, ohne doch angeben zu können, was den eigentlichen Ausgangspunkt gebildet hat. Bei andern wie Alkm. Pind. κιδοιέστερος κιδαιέστατος, Pind. ὑπερθυμέστατος, Hdt. ἱμηρέστατος ἀσυχέστερος σπουδαιέστερος, Demokrit ἐπιτηδειέστατος, Xen. ἐπιπεδέστερος, kann man nicht einmal raten, und überhaupt ist bei diesen wie bei den andern unregelmässigen Gradationsbildungen unklar, was ihnen das Uebergewicht über die Ausgänge -ότερος -ωτατος gab, die doch bei den meisten betr. Stämmen gesetzmässig und durch die Häufigkeit ihres Vorkommens gestützt waren.

Ein Glied dieser Wortsippe, das angebliche Adverb ἐχ, führt uns auf den eigentlichen Gegenstand unserer Untersuchung zurück. Man wird naturgemäss fragen, ob nicht wenigstens einzelne der nachgewiesenen ε-Stämme auch selbständig vorkommen, sei es vermöge uralten Daseins, das für ihre Verwendung in der Komposition die Grundlage bildete, sei es durch nachträgliche Abstraktion aus den Kompositis. Nun wirkliche Adjektiva dieser Art hat das Griechische nicht, wenn ihm auch sonst Adjektiva auf -ις nicht völlig abgehen. Aber Buttmann Griech. Sprachl. I 219. 275 glaubte in ἐχ das adverbiell gebrauchte Neutrum eines Adjektivs ἐχύς ἐχός erkennen zu dürfen. Kaum mit Recht. An den Stellen, wo dieses ἐχ erhalten ist: Alkman Fr. 42 Bgk. τίς κα τίς ποκα ἐχ ἄλλω νόον ἀνδρὸς ἐνίσποι, Soph. Fr. 982 N' und Ion. p. 66, p. 745 N², wozu aeol. βρᾶ kommt, schwankten die Alten zwischen der Schreibung mit und ohne Iota, und bei Alkman oxytonierten sie (vgl. Apollonios de adv. p. 596, 11 ff. Bekk. 156, 8 ff. Schn.) Aber wer ι zusetzte, that es wegen ἰχθός, und wer oxytonierte, that es in der Meinung, es liege Apokope vor; primitive Akzentüberlieferung können wir bei Alkman kaum voraussetzen. Es scheint unzweifelhaft, dass ῥέα aus *ῥέϝα kontrahiert ist, der für die nicht-ionischen Mundarten notwendig vorauszusetzenden Grundform von homerisch ῥῆα, wie natürlich für ῥέα zu schreiben ist. Aus aeolisch βρᾶ ergiebt sich *Ϝρᾶα als ältere Grundform und dieses wiederum muss auf *Ϝρᾶσα zurückgeführt werden. (Vgl. Prellwitz Etym. Wörterb. p. 269.) Denn das von Ahrens zu Grunde gelegte *Ϝρᾶϝα hätte bei Homer nicht bis zu überwiegend einsilbigem ῥέα reduziert werden können. Das ihm etwa vergleichbare νεα (μέν μοι κατέκαε) ι 288, aus *νᾶϝα ist erstens vereinzelt, zweitens von Ahrens schon längst in νῖ' ἔμμεν κατέκαξε gebessert. Und *Ϝρᾶϝα passt nicht, weil man dann ῥᾳ- auf *Ϝρᾶϝ- zurückführen musste mit der undenkbaren Lautfolge ϝᾱ. Aussergriechische Verwandte für solches *Ϝρᾶ(σ)α *Ϝρᾱ(σ)ι- sind bis jetzt nicht nachgewiesen.

1. ΑΤΕΙΡΗΣ

ist bei Homer am häufigsten als Beiwort des Erzes, des χαλκός, sowol wenn von Waffenstücken die Rede ist (E 292. Η 247. Ξ 25. Τ 233. Υ 108) als sonst (Σ 474. v 368). Dazu ἀτειρέας ὀιστούς als Variante zu Φ 474 (schol. Genev. zu d. Stelle), was sich aus der Kontraktionsform ὀιστούς für das allein homerische ὀιστός als unrichtig ergiebt. Zweitens heissen die Kämpfer Ο 697 ἰκμᾶτας καὶ ἀτειρέας, wozu stimmt Γ 60 κεῖ τοι κραδίη, πέλεκυς ὡς ἔστιν ἀτειρής . . . . (63 ὡς τοι ἐνὶ στήθεσσιν ἀταρβητος νόος ἐστιν) und λ 270 Ἀμφιτρύωνος υἱὸς μένος αἰὲν ἀτειρής. Endlich findet sich dreimal (Ν 45. Ρ 555. Χ 227) die Phrase »(dem und dem gleichend) δέμας καὶ ἀτειρέα φωνήν.« Das Wort ist fast ganz auf die Ilias beschränkt und findet sich in der Odyssee nur v 368 und im Heroinenkatalog λ 270. Der Gebrauch des Empedokles (ausser homerischem ἀτειρέα χαλκῷ noch ὄμματ' ἀτειρέα, ἀτειρέων ἀκτίνεσσι, sowie [451 Stein] σάρκας ἰνδέσιον ἀγέων, ἀπύκροι, ἀτειρεῖς), des Pindar (Ol. 2, 23 ἀτειρεῖ σὺν ἀγαθῷ »mit ungestörtem Glück«) und der Alexandrinischen Dichter beruht auf der Homerinterpretation ihrer Zeit.

Was ἀτειρής bei Homer bedeutete, ist ohne weiteres klar nur in der zweiten der drei Gebrauchsweisen: »frisch, scharf durchgreifend«. Und von da gehen wol auch die antiken Deutungen mit στερεός καὶ στερρὸς καὶ ἐνένδοτος καὶ ἀκαταπόνητος aus. Aber darum von vorn herein in der ersten und in der dritten Gruppe von Stellen χαλκὸς ἀ. mit »starkes Erz« und ἀτειρέα φωνήν mit »starke Stimme« übersetzen zu wollen, wäre unrichtig. Denn ἀτειρής ist auch in der Ilias kein lebendiges Wort mehr. Nur drei, vier damit gebildete Phrasen hatten sich erhalten, wofür genau gleiche Bedeutung von ἀτειρής vorauszusetzen wir kein Recht haben. Der Einheitspunkt zwischen den drei Gebrauchsweisen kann möglicherweise weit hinter Homer zurückliegen. Auch ist bis jetzt eine auch nur annehmbare Etymologie meines Wissens nicht vorgebracht worden. Mit den Homerlexica ἀτειρής von τείρω ·quälen· abzuleiten, und sein ε: mit dem spezifisch präsentischen, auf der Präsensendung -jō beruhenden ει dieses Verbums gleichzusetzen widerspricht allen bekannten Gesetzen der griechischen Wortbildung. Wer würde *πολυσπειρής statt πολυσπερής zu σπείρω oder *ἀπυσθανής statt ἀπευθής zu πυνθάνομαι zulassen? Da ferner das ει von ἀτειρής bei der Undenkbarkeit einer Wurzelform τερ- nicht diphthongisch sein kann, bleibt nur die Wahl zwischen einer Grundform *ἀτερεΕής mit -ερ- für -ερΕ- wie z. B. in εἰροτάω, und einer Grundform atersis mit Übergang von rs in rz und dann in ρ mit Vokaldehnung davor, einem Übergang, der nach KZ. 29, 127 ff. gesetzmässig vor betonter Silbe eintrat, während hinter betontem Vokal rs blieb (unter eventueller späterer Umsetzung in ρρ.[1]) Zu den aao. gegebenen Belegen kommt δειράς dor. δηράς »Felsen« hinzu, dessen wesentliche Identität mit altind. dṛṣhád- »Felsen« (Fick) in die Augen springt, das also auf *dersás zurückgeht, vgl. Schulze Quaest. ep. 95 f. Ich möchte auch an Pindars αἱμακουρία »Blutopfer« (Ol. 1, 90; vgl. Plut. Aristides 21) erinnern, das man früher an κορέννυμι anknüpfte (so noch Rohde Psyche 139), was natürlich nicht angeht: es heisst »das Blutschneiden« d.h. das Vergiessen von Blut mittelst Schneiden, wobei das Verhältnis der beiden Kompositionsglieder dem des Resultatsakkusativs vergleichbar ist. -κουρία steht aber für -korsia und gehört zu der Wurzel kers-, die Solmsen KZ. 29, 354 als Grundlage von ἀτειρής, κοῦρα, κουρεύς erwiesen hat.

Also phonetisch wäre als Grundform sowol *ἀτερεΕής als *ἀτερσής denkbar. Jenes würde ein entsprechendes *τερΕός (aus τερε- ·durchbohren·?), gebildet wie vedisch pi-ras »Fett« νάri-vas »freier Raum«, hom. εἶρος ·Wolle· aus Εέρ-Εος vgl. lat. rerrex (Schulze Quaest. ep. 119) fordern; oder es würde etwa an die in altind. tāruṣhema u.s.w. belegte Wurzelform teru- angeknüpft werden müssen. Aber ich weiss mit solchen Möglichkeiten nichts anzufangen. — *ἀτερσής wäre eine korrekte Bildung zu τέρσομαι »dürr, trocken werden«. Wol ist bei den Adjektiven auf -ής[2] Tiefstufe der Wurzel anscheinend das Aeltere und bei Homer und sonst

---

[1]) Dem Widerspruch, den Brugmann Griech. Gramm. ²61. 63 Grundriss II 1007 f. und Fick Bezz. Beitr. 28. 187 f., ohne wirkliche Gegengründe beizubringen, erhoben haben, halte ich namentlich die Flexion von χείς entgegen, wo das Verhältnis χρεός· γεράς· χερσί mit mittelst der Grundformen *χης-ι· *χης-ός· *χης-σί begriffen werden kann, vgl. armenisch dzern „Hand" mit r aus rs Hubschmann Armen. Grammatik 1470 ἀχαχμήνος d'Ans. 6, 4. 1 : ἀχρηκέομαι will ich nicht geltend machen, da es auf ἄκρας χείς beruhen konnte

[2]) Richtig bemerkt J. van Leeuwen im Enchiridion dict. epicae p 219 A, dass Homer -ής nur in Kompositis kenne und dass A 235 ὑλήεσσα, A 242 und Ω 239 ὑλήεις zu schreiben sei. Immerhin ist vielleicht ὑληχρύς als junge Umbildung von persönlich gebrauchtem ὑλήεις im Text zu belassen. Sicher unrichtig ist es aber auf Grund jener Beobachtung A 751 διὰ σπιδέος πεδίοιο und Ω 354 φαίδος νύκα ἔργα τέτυκται als korrupt zu erklären. Was hindert φαῖδος auf einen Nom. sing. *φραδύς zurückzuführen, der sich zu homer. ἀφραδής gleich verhielte, wie οἰχός zu πολώχης, und ebenso πεδίος aut *πεδύς? Doch ist dieses Wort ganz dunkel; wir müssen mit der Möglichkeit rechnen, dass δι' ἀσπιδέος von ἀσπιδής abzuteilen sei.

vielfach bewahrt. Ich denke hier nicht an Bildungen, die zu Nomina oder Verba mit durchweg tiefstufigem Vokalismus gehören, wie ἀ;λαβής: βλάπτω, περγλαγής: γλάγος, εὐρραρης: ῥήπτω, ἀταρβής: τάρβος, sondern an beispielsweis folgende[1]: bei Homer †ἐν-δυκέως, †ἀλλο-ιδή, †ἀ-υκῶς, †ἀινο-παθής, †ἀ-σκεθής, bei den spätern †ἀ-κδής (Theognis 256 vgl. KZ 28, 296), Soph. δι-πλιρής (Hdt. μλτ- Aristot. νε- u.s.w.), Hes. ἀ-θκρής (in der Bedeutung »fest« zu ἀ- zusammen und dher- »halten«; in der Bedeutung »jungfräulich« zu θόρνοσθα gemäss Aesch. Eum. 660 mit privativem α), †ἀ-ιδής Hesi. Sc. 477. Bakchyl. Fr. 46 und öfters bei Plato (Herodian I 80 1 ff. Usener Gött. Nachr. 1892, 48) nebst Hes. ἀπρο-ιδής (vgl. Homers ἀλλοιδής), Hes. κακ-ιθής, att. ἀ-κκρής, Hdt. ἀ-παγής, Aesch. ἀεὐ-πιθές, Hes. εὐ-σταθής (vgl. στῆθος), Hes. ἀ-σταλής εὐ-σταλής (zu στέλλω), Hes. ἀ-στιβής εὐ-στιβής (so nach der Buchstabenfolge), Soph. und Inschr. von Oropos †ἀ-στραφής (zu στρέφω) vgl. ἀστραβής, Hes. †ἀθυ-σανές (wofür M. Schmidt mit den frühern Herausgebern thöricht -ανές einsetzte; während nur Schow, den Schmidt deshalb der ineptia beschuldigt, die gute Überlieferung festgehalten hat), Aesch. †εὐ-τραφης, Hes. εὐ-τυκές, Pind. ἀ-φανής, att. ἀ-χανής »sprachlos« und mit ἀ- für ἀ- »klaffend«), Hes. ἀ-χαρές, Hes. ἀ-χρανής, Hes. ἀ-ψοθής.

Aber daneben und häufiger treffen wir in diesen Adjektiven die Hochstufe.[2] Bei Homer nicht bloss neben erhaltenen Neutra auf -ος, bei denen die Hochstufe sich fast notwendig einstellen musste, wie bei ἐσπερνής: ἔρενος, ἀ-δδεής: δέος, †εὐ-εαθής: εὖθος, ἐυ-εργής: (ἐργον)· ἐυ-εργής: ἔρκος, νηκερδής: κέρδος, δυσ-κηδής: κῆδος, μεγα-κήτης: κῆτος. ἀ-κλεής (δυς- ἐυ-): κλέος, ἀ-κηθής: (λῆθη, λήθω), δυσ-μενής: μενος, εὐρυ-σθενής: σθένος, ἀ-τελής: τέλος, †Ἀ-ψευδής: ψεῦδος, sondern auch sonst vielfach z. B. νημερτής: ἁμαρτανω, †ἀ-δευκής, ἀ-εικής Ἐυ-πειθης, †ἐυ-πηγής (Aesch. κινοπηγής, μελαμπαγής) ἐυ-πλεκής, ἐρι-πρεπής. †ἀ-σκεθης, πολυ-σπερής, ἀ-σπερχές, ἀ-στεμφής, †ἐυ-τρεφής. ἀ-τρεκής, ἐυ-τρεφής. Aus den später belegten vergleiche man z. B. Hes. ἀ-μερφής »hässlich«, Eurip. †ἀ-τενής, †ἀ-γηνής u. s. w. Die auf -ύτης, -ώλης u. s w., wo langer Vokal auf Compositionsdehnung beruht, fallen natürlich ausser Betracht.

Bleibt die Hauptfrage, ob ἀταρής begrifflich auf ein *ἀτερής zurückgeführt werden und mit τέρσεται, τερσαίνειν u. s. w. zusammenhängen kann. Nun nach der zweiten Gebrauchsweise als Bezeichnung körperlicher und psychischer Frische sehr wol. Ich verweise auf Virgils viridis senectus, die Verwendung von sucus im Latein, ὑγρός »elastisch«. — Sodann ἀταρέα φωνήν ist »frische, reine Stimme«: vgl. vedisch trshtá- (von derselben Wurzel ters-)[3] »rauh,

---

[1] Die Bildungen, neben denen hochstufige erhalten sind, sind mit † bezeichnet.
[2] Die Bildungen, neben denen tiefstufige erhalten sind, sind mit † bezeichnet.
[3] Grassmann sv. trennt allerdings trshtá- von trsh- und legt eine sonst nicht nachweisbare Wurzel trç- zu Grunde, die er mit litauisch tràszku „rasseln" und trenkiù „schmettern, stossen" kombiniert. Aber zur Bedeutung „rauh" passt dies doch wieder nicht. Dagegen scheinen sich die Bedeutungen „heiser" und „rauh zum Anfühlen" sehr natürlich aus der Bedeutung „dürr, trocken" zu entwickeln.

heiser« in Bezug auf *vāc*- »Stimme«, *çapátha*- «Fluch» gebraucht. ἀτειρής in diesem Sinne hatte im Griechischen einst ein positives *τερκ(σ)ός nach der Proportion ὠκύς: ποδώκης neben sich, das in Hdt. att. τρχλός, τρχλάζω als Bezeichnung holprigen Sprechens weiterlebt (Kluge Etymolog. Wörterb. sv. *dürr*) und unsere Auffassung von ἀτειρής in bemerkenswerter Weise stützt. Ich verweise auch auf κερχλέος, das die Bedeutungen »trocken« (vgl. Φ 541 δίψα κερχλέω) und »heiser« in sich vereinigt, sowie auf die französische Unterscheidung von *prononciation sèche* und *prononciation molle*. — Eben jenes altindische *trsḥṭa*- verhilft uns auch zum Verständnis des χαλκός ἀτειρής. Als Simplex und als erstes Glied von Kompositis heisst es auch »rauh, holprig«, das zugehörige Femininum *trsḥṭika* »rauh, schäbig, widerlich«. Also ist χαλκός ἀτειρής »blankes Erz«.

5. ΑΧΗΝ

»dürftig« ist von Bartholomae IF. 5,216 zu avest. *azi*- neupers. *az* »Begierde« altind. *ih*- begehren gezogen worden; von mir Altind. Gramm. p. 90 § 79 d zu eben letzterm in Verbindung mit ἰχανᾶν, auf das man durch Herodas neu aufmerksam geworden ist. Bei Homer wird es an zwei Stellen durch alte Ueberlieferung geboten: Ψ 300 μέγα δρόμου ἰχανόωσαν haben es A, D und der syrische Palimpsest, Θ 288 steht ἰχανόων φιλότητος durch gelehrte Grammatiker-zeugnisse fest. Aber in den Handschriften ist es hier ganz und Ψ 300 überwiegend durch ἰσχανόω, das jedoch »zurückhalten« bedeutet, verdrängt. Danach ist P 572 für das überlieferte ἰσχανάα ὀκκέων mit G. Hermann zu Aesch. Suppl. 816 ἰχανάα zu schreiben. Das Verb muss sich in der neuen Ias gehalten haben, daher erscheint es bei den Choliambikern Herodas 7,26 ἰχανᾶσθ᾽ ἐπαυρέσθαι. Babr. 77,2 τυροῦ δ᾽ ἀλώπηξ ἰχανῶσα κερδώη. Stephanus von Byzanz etymologisiert daraus den Namen des sizilischen Städtchens Ἴχανα. Dazu gehört ἴχαρ = ἐπιθυμία bei Theognost (Hermann a.a.O.) ἰχ- vereinigt sich mit ἔχήν begrifflich gemäss der sonstigen Zusammengehörigkeit der Ausdrücke des Bedürfens und Begehrens, formal auf Grund des Ablauts i: κ, ω, den wir griechisch z. B. in πίθι: πιπίσκω treffen.

Dass das anlautende κ von ἔχήν (Theokr. 16, 37) ein echter alter *a*-Laut ist, ergiebt sich aus Hes. ἔχῆνες κενοί, πτωχοί und ἀτεανήγας πένης. Aber die begriffliche Verwandtschaft des Wortes mit den Bildungen aus ἀ- privativum führte zu zweierlei Versuchen es an diese anzugliedern. Erstens wurde ἔχήν nach dem Muster von ἄκων, ἀργής aus ἀέκων, ἀεργής als Kontraktion aus ἀεχήν gefasst »nicht habend«, und zwar nicht bloss theoretisch (Hesych s. v. ἀχηνία, Proklos zu Pl. Kratyl. bei M. Schmidt Philol. 3, 448.), sondern auch praktisch: Hesych ἀγχῆνες πένητες, worin wir wol das Wagnis eines alexandrinischen Dichters zu erkennen haben. Zweitens kürzten die Tragiker in dem daraus gebildeten Abstractum ἀχηνία »inopia« die Anlautsilbe; für Aesch. Ag. 427 ὀμμάτων ἐν ἀχηνίαις steht diese Messung fest, Choeph. 301 καὶ πρὸς πιέζει χρημάτων ἀχηνία und Aristoph. Amphiareos Fr. 20 (I 397 Kock) νόσῳ ἀκαθεὶς ἢ φίλων ἀχηνία (das auf tragischem Muster beruht: Nauck ad fragm. trag. adesp. 70 p. 852[2]) ist sie möglich. Dass ein aus einer andern Sprache oder Mundart herübergenommenes Wort »volksetymologischer« Umgestaltung leichter unterliegt als ein der eigenen Sprache angehöriges, ist selbstverständlich. Ich verweise auf Ed. Meyers hübsche Erklärung von att. ἠλαία als falscher Ionisierung des argivischen ἡλιαία (Philol. 48, 187), was freilich mit unserm ἀχηνία nicht ganz gleichartig ist. Man hat keinen Grund hievon die Tragiker auszunehmen, die doch bei Wörtern, die ihnen fremd waren, sogar öfters die Bedeutung entstellt haben.

6. ΔΕΙΝ, ΠΛΕΙΝ.

Seit Usener Jahrbb. 105 (1871), 742 wird vielfach angenommen, dass im Attischen für δέον auch δεῖν gebraucht worden und dieses aus δεῖον, einer Nebenform von δέον, zusammengezogen sei, wie πλεῖν aus πλεῖον, Nebenform von πλέον. Ich kann diese Auffassung nicht teilen. Zwar steht zunächst πλεῖν für das Attische durchaus fest[1], wesentlich durch die Komödie, und man kann höchstens darüber unsicher sein, wie weit es gegen die Ueberlieferung einzusetzen, und namentlich wie weit es in die Prosatexte einzuführen sei, für die es handschriftlich nicht bezeugt ist ausser für Demosth. 19, 230, wo der Parisinus πλεῖν ἢ χιρίους bietet. Aber von Herkunft aus πλεῖον durch »Hyphärese« kann keine Rede sein. Hyphärese von o hinter ι giebt es nicht; dass οἶμαι nicht als Verstümmlung von οἴομαι gefasst zu werden braucht, sondern aus einem Perfektpräsens *ὤμαι erklärt werden kann, glaube ich in Kuhns Zeitschr. 30, 316 gezeigt zu haben. πλεῖν kann nur eine Schwester-, nicht eine Tochterform von πλε(ι)ον sein. So urteilen Brugmann Grundriss II 403. 406 und Schulze Kuhns Zeitschr. 28, 268 A. Doch scheint mir keiner von beiden, in dem was er positiv bringt, das Richtige getroffen zu haben. Brugmann erklärt πλεῖν aus plē-in, wo -in eine kürzere Form der neutralen Komparativendung sein soll, die etwa mit -is für -ius in magis vergleichbar wäre. Aber -ιον- ist die einzige bezeugte Form des komparativischen ν-Suffixes; der kretische Dativ pl. πλάσι kann nach solchen

[1] Die Litteratur über πλεῖν verzeichnet Schwabe Historische Syntax der griech. Komparation II 69 Anm.

Nomina, in denen dem Nom. pl. auf -ονες ein Dat. pl. auf -χσι entsprach, zu πλέονες hinzugebildet sein. So steht das angebliche -εν ganz isoliert da; das selbst rätselhafte πχ(ε)ίν ist
eine morsche Stütze. Aehnliches gilt gegen Schulzes auf nichts sich stützende Annahme, dass
im Neutrum sg. st. -εον einst -εν gesprochen, *πλέον aus *πλεῖον zu πλεῖν kontrahiert worden sei.

Brugmann nimmt das ει von πλεῖν als echten, Schulze als sogen. unechten Diphthong.
Bis einmal eine Inschrift zwischen den beiden Möglichkeiten entscheidet, sollte man das
Etymologisieren von πλεῖν vielleicht überhaupt unterlassen. Bei dem Versuch, den ich trotzdem
wage, gehe ich von der Frage aus, wo sonst griechisch dieser Komparativ entweder ει oder
eine Lautgruppe bietet, die einem ει zu Grunde liegen könnte. Nun ist der wie auch immer
entstandene Plural Nom. πλέες; Akk. πλέας Ntr. πλέα sowol bei Homer (ohne das Ntr.) und im
Aeolischen, als im Kretischen (in den Formen πλέες, πλίχ(ν)ς, πλία) bezeugt, wird also auch
den dazwischen liegenden Mundarten nicht fremd gewesen sein. Attisch müsste der entsprechende Nominativ *πλεῖς gelautet haben. Wenn ich πλεῖν hieraus durch Einwirkung von
πλέον hervorgehen lasse, habe ich den Gebrauch von πλεῖν für mich. Dieses kann durchaus
nicht für jedes πλέον eintreten, sondern kommt wesentlich nur in Verbindung mit ἤ und darauf
folgender Bezeichnung einer Quantität vor. Legen wir den Gebrauch des Aristophanes als
den reinst attischen und am besten gesicherten zu Grunde, so folgt auf πλεῖν ἤ an zehn Stellen
ein Zahlwort mit oder ohne Substantiv z. B. Ach. 858 und Ekkl. 808 πλεῖν ἤ τριάκονθ' ἡμέρας,
Av. 1305 und Plut. 1184 πλεῖν ἤ μύριοι, Nub. 104 πλεῖν ἤ μύριον ἐπ' ἄξιος στατήρων. Dazu
Nub. 1065 πλεῖν ἤ τάλαντα πολλά. Die Stelle Av. 1251 πλεῖν ἑξκοσίους ist die einzige Stelle,
nicht bloss bei Aristophanes, wo auf πλεῖν kein ἤ folgt. So ist vielleicht (mit Pierson zu
Moeris. S. 294) ἤ einzufügen, obwol die hier überlieferte (von Schwab a. a. O. II 87 im Anschluss
an Ziemer zutreffend erklärte) Konstruktion bekanntlich gut klassisch ist. — An allen diesen
Stellen könnte eine mit dem Zahlwort kongruierende Pluralform von πλεον- treten. Aus der
Fülle des Materials bei Schwab a. a. O. II 67 ff., dessen Urteilen ich freilich nicht überall
beipflichten kann, hebe ich heraus ω 464 ἡμέων πλείους. Hdt. 7, 103, 18 πλεῦνες ἤ χίλιοι. Xen.
Hell. 1, 3, 10 ἱππέας πλείους τριακοσίων. Isае. 3, 1 πλείω ἔτη ἤ εἴκοσι. Dem. 22, 35 τοῦτο ποιῆσαι πλείους
ἤ μυρίους. Somit konnte sehr wol »mehr als 10000« durch *πλεῖς ἤ μύριοι ausgedrückt werden.
Es ist ferner Angesichts des Akk. pl. der dritten Deklination wie γλυκεῖς verständlich, dass
πλεῖς den Akkusativ mitübernahm, und also auch *πλεῖς ἤ τριάκονθ' ἡμέρας gesagt wurde. Gemäss
der Natur solcher Formeln mochte dieses *πλεῖς ἤ die sonstige Verwendung von *πλεῖς über-
dauern und in Folge dessen die Grenzen überschreiten, die dem lebendigen *πλεῖς gezogen
waren, sodass unter Verdrängung eines einstigen στάδια *πλέα ἤ χίλια (vgl. Inschrift von
Mytil. Hoffmann No. 90, Z. 8 φύσα πλέα τῶν ΠΛΛ) nun gesagt wurde *πλεῖς ἤ χίλια und statt
eines einstigen *πλέον ἤ μύριον — στατήρων nunmehr *πλεῖς ἤ μύριον. Aber in dieser Ab-

blassung deckte sich πλεῖς völlig mit dem neutralen πλέον, das gleichwie sein Gegenstück ἔλαττον, μεῖον, vor Zahlausdrücke in beliebigem Genus und Numerus gestellt werden konnte z. B. Thuc. 7, 27, 4 πλέον ἢ δύο μυριάδες ἀνδραπόδων ηὐτομολήκεσαν. Ar. Ekkl. 1132 πολιτῶν πλεῖον ἢ τρισχιλίων ὄντων τὸ πλῆθος. Xen. Hell 5, 3, 16 πόλει πλέον πεντακισχιλίων ἀνδρῶν. Xen. Cyrop. 7, 4, 16 ἱππέας οὐ μεῖον ἢ τετρακισμυρίους. Diese Gleichheit des Gebrauchs bewirkte Angleichung der Form, Umwandlung von πλεῖς in πλεῖν. Dabei ist die Möglichkeit offen zu lassen, dass die Umwandlung in πλεῖν der Verwendung der einsilbigen Form etwa für Genitiv und Dativ oder für das Neutrum vorausging.

Ebenso wissen wir nicht, ob noch alles *πλεῖς oder von vorneherein umgewandeltes πλεῖν dem Gebrauch zu Grunde liegt, den Aristophanes in Lys. 589 πλεῖν ἢ διπλοῦν αὐτὸν φέρομεν und namentlich in den Fröschen aufweist, wo er πλεῖν ἢ einem Dativ des Singulars (18 ἑνικυτῷ, 91 σταδίῳ), ja sogar 103 und 751 dem Verbum μαίνομαι vorausschickt. Diese weiteste Phase in der Entwicklung von πλεῖς — πλεῖν ist ausserhalb der angeführten Stellen nicht überliefert. Der Annahme, dass sie mit ca. 400 a. Ch. wieder erloschen sei, steht nichts im Wege. An Stellen wie Dem. 20, 152 πλεῖν ἢ ἅπαξ zu schreiben für πλεῖον, πλέον der Handschriften, ist pure Willkür.

Aehnlich und doch wieder anders als bei πλεῖν liegt die Sache bei δεῖν. In Einem hat Usener unstreitig Recht. Wo Dionysios von Halik. (de Demosth. c. 43 p. 1091, 4 R.), Philoxenos (Etymol. Or. 135, 30) Apollonios (de adv. p. 542. 22 B = 132, 30 Schn.), Herodian (II 328, 16. 490, 20 u. s. w.) Zeugnis ablegen, da ist ein gewöhnlicher Irrtum ausgeschlossen. Eine Meinung, wie die neuerdings noch von Kühner-Blass I 216 vertretene Buttmanns, als ob die Grammatiker infinitivisches δεῖν als Partizip angesehen hätten, darf demnach nur ausgesprochen werden, wenn man bestimmte Stellen nachweisen kann, wo es auch für einen sorgsamen Gelehrten nahe lag einen Infinitiv δεῖν als Partizip zu fassen. Ob es solche Stellen giebt, wird sich vielleicht am Schluss herausstellen. Sicher ist die von Usener modifizierte Erklärung der Alten unrichtig; sie ist noch unrichtiger als die entsprechende von πλεῖν. Bei diesem wird doch eine reale Grundform zu Grunde gelegt; das mittelst unannehmbarer Hyphärese dem δεῖν zugrunde gelegte δεῖον hat nicht existiert. δεω, δεον gehn schlechtweg auf *δέF-ω, *δέFον zurück; δεῖ findet sich nur in der Periode, wo man auch ἑαυτοῦ, ὁ-δοῖν und ähnliche Uformen schreibt: δεῖονται (CIA. II 119, 14. Meisterhans² S. 36 Anm. 286) in Athen, δευόμενον (ion. Inschr. Bechtel 18, 37) in Oropos. — Um dieser falschen Erklärung gegenüber zu einer richtigen zu gelangen, muss man die verschiedenen Konstruktionen sondern, in denen man δεῖν für δέον zu finden glaubt. Ich sehe gänzlich ab von Useners konjekturellem ἐνίλκ δεῖν für ἐνθάδε εἶναι bei Thuc. 6, 12, 1, wofür ich auf Stahls Anmerkung zu der Stelle verweise, und beschränke mich auf die Fälle von handschriftlichem δεῖν.

a) Aristot. Rhet. II 14 p. 1390ᵇ 11 περὶ τὰ ἑνὸς δεῖν πεντήκοντα ἔτη. Dazu in der 'Αθηναίων Πολ. nach Kaibel-Wilamowitz u. aa. c. 19 fin. (p. 52, 2 Ke.) (ἔτη)... ἥξεν ἑνὸς δεῖν πεντήκοντα und c. 27 (p. 75, 7 Ke.) ἑνὸς δεῖν πεντηκοστῷ ἔτει, für das an beiden Stellen überlieferte δεῖ. Für subtraktive Zahlbezeichnung wird vor Aristoteles δέω (nebst selterem ἀποδέω) immer in partizipialer Form verwendet: Cl. 1325, 2 [ἐνθρ]ίαν ἑνὸ[ς δέουσιν εἴκοσι], Thuc. 2, 2, 1 πεντήκοντα δυοῖν δέοντα ἔτη und so überaus oft bei den Schriftstellern von Herodot und Thucydides an (Kühner-Blass I 630); auch noch Aristot. Pol. 5 p. 1305ᵇ 36 ἔτη — δυοῖν δέοντα εἴκοσι. Hier wäre also δεῖν Vertreter eines Partizips und so nimmt es Usener Jahrbb. 105, 744. Aber dies ginge höchstens an, wenn vor Aristoteles das singularische δέον üblich gewesen wäre. Aber da das Partizip δέοντ- mit dem Ausdruck der zu vermindernden Zahl (also oben mit ἐνθρίαν τριάκοντα, πεντήκοντα ἔτη) kongruieren muss, ist es in der Regel pluralisch. Singularisch ausser vereinzelten Stellen wie Hdt. 2, 134, 2 πυραμίδα, εἴκοσι ποδῶν καταδέουσαν κῶλον ἑκαστον, τρῶν πλέθρον, wo καταδέοντων logisch richtiger, aber weniger deutlich gewesen wäre, nur in dem selteneren Fall, wo es zu einem Ordinale gehört, und hier wird der Nominativ-Akkusativ vor dem Dativ kaum vorwiegen; bei Thucydides ist in solcher Verbindung δέον und δέοντι im ganzen dreimal belegt: 8, 6, 5 ἑνὸς δέον εἰκοστὸν ἔτος. 4, 102, 3 ἑνὸς δέοντι τριακοστῷ ἔτει. 5, 16, 3 ἔτει ἑνὸς δέοντι εἰκοστῷ. Es ist also gar nicht abzusehen, wie sich δέον hätte als Normalausdruck für solche Subtraktion einbürgern sollen. Also ist auch für ein Partizip δεῖν hier kein Raum.

Kaibel Stil und Text der 'Αθ. Πολ. 170 lehnt partizipialen Wert des δεῖν auch ab, glaubt aber, dass es Infinitiv sein könne wie in μικροῦ δεῖν. Nun dieses δεῖν würde, wie wir sehen werden, sehr wenig helfen können. Mit Vergnügen wird man daher Kaibels schliesslichem Entscheide beipflichten, dass an allen drei Aristotelesstellen δεῖ zu schreiben sei, was an beiden Stellen der Politeia der Papyrus thatsächlich bietet und in der Rhetorik die erste Hand des Parisinus. Wir haben so bei Aristoteles einen neuen, aber dem Typus nach sehr altertümlichen wol aus der Volkssprache stammenden Ausdruck. Die alte Parataxe tritt immer wieder an die Oberfläche des Sprachlebens, neben die durch sprachliche Kultur erworbenen hypotaktischen Ausdrucksweisen. Wo aber parataktische Sätze gegenüber dem Gedankengehalt des Satzes an den sie angegliedert sind, eine untergeordnete Stelle einnehmen, nähern sie sich leicht Partikeln, ja können unter Vergessen ihrer ursprünglichen Bedeutung ganz zu Partikeln herabsinken. Das ist eine in allen Sprachen vorkommende Erscheinung. Wir können etwa folgende Typen unterscheiden:

1) Ein satzbildendes Wort, das einen folgenden Satz vorbereitet, kann zur satzeinleitenden Partikel herabsinken [1]). So im Griechischen und im Lateinischen πότερον und utrum, die

---

[1]) Vergleiche hiezu die schönen Ausführungen von Tobler Ztschr. für romanische Philologie 20, 65ff. Er verweist auf allemannisch drum, „das einen Grund angebenden Satz einleitet oder ihm eingefügt. keinesfalls

eigentlich —welches von beiden« bedeuten, dann zur einleitenden Charakterisierung von Doppelfragen verwendet werden. Ebel KZ. 5, 207 hat schon darauf aufmerksam gemacht, dass in Sätzen wie *utrum taceamne an praediem* das -ne auf den ursprünglichen Wert von *utrum* hinweist, vgl. Verf. Indogerm. Forsch 1419. In der Beurteilung dieser zwei Wörter ist man wie ich denke einig. Ebenso wol nunmehr auch trotz Sittl und Körting darüber, dass französisches *cur* »denn« auf *quare?* »weshalb?« beruht. (Zuletzt darüber nach dem Vorgang Ebels KZ. 6, 207 u. aa. Tobler Zeitschr für roman. Philol. 20, 66.) Rebling Jahrbb. 121, 368 und Wölfflin Münchner Sitzgsber. 1891, 104 f. haben aus volkslateinischen Texten z. T. schon des ersten Jahrhunderts n. Ch. den französischen Gebrauch von *quare* oder starke Annäherung daran nachgewiesen z. B in den versiculi gegen Tiberius bei Sueton. Tiber. 59 *Non es eques. Quare? non sunt tibi milia centum.* Peregrin. Silv. *mares ibi multæ sunt, quare portus famosus est.* Dieses *quare: cur* ist nur Ein Beispiel von vielen. Zumal volkstümliche Rede liebt es, einem begründenden Satze einen nach dem Grund fragenden kurzen Fragesatz vorauszuschicken (Rebling a. a. O. Brugmann Indog. Forsch. IV 229 Anm. Vgl. auch Rhet. ad Herennium 4, 16, 23,. Man vergleiche damit Ennius *nemo me dacrumis decoret nec funera fletu faxit. cur? volito viros per ora virum.* Auson Epigr. 89 Sch. = 20 Peiper *dodra vocor. quae causa? norem species gero. cur* ist wol nur dadurch, dass es früher ausstarb als *quare*, davor bewahrt geblieben so zur Kausativpartikel herabzusinken. Aehnlich wird altindisch *kutas* »woher? warum?« häufig einem Distichon vorausgeschickt, das eine vorangehende Aeusserung oder Ausdrucksweise begründet BR. Wörterbuch II 323 s. v. Und die Weiterentwicklung zur Kausalpartikel, die sich bei *quare* an derartigen Gebrauch im Spätlatein anschloss, ist bei ein par andern schon im alten Latein eingetreten; einige altlateinische Kausalpartikeln sind darauf zurückzuführen. Wenn *quia* ein fragendes *quianam* neben sich hat, das von Naevius, Plautus, Ennius, Accius und mit Auffrischung alten Gebrauchs von Lukrez und Virgil im Sinne von *cur* verwandt wird, so kann es sich dazu nicht anders verhalten als *quid* zu *quidnam* und muss selbst ursprünglich »warum?« bedeutet haben. Daraus erst erwuchs seine einzig belegte Funktion, die als Kausalpartikel. Vielleicht darf man in dem bei Plautus und Terenz belegten *quia enim* (Lorentz zu Miles 834. Brix zu Captivi 88.) einen Rest von altem *quia enim?* sehen. Wenn aber *quia* im Unterschied von *cur* nur ausnahmsweise und spät begründende Hauptsätze einleitet (Dec. Brutus in Cic Epist. 11,1,4 *quia, ubi consistamus non habemus.* Genes. 3, 19) bei Augustin *quia terra es et in terram ibis*: griech.

—

aber mehr durch Pausen von ihm gesondert wird, wie er als verkürzter den Grund ankündigender, oder als verkürzter parenthetischer Satz do—— man ste—— Z. B. Hebel: *Was hat ihm denn gefehlt? Drum hat er zu viel Luder gefressen*, schweiz. *I ha drum das und gwisst „só τάς τãς."* — Verwandt, aber doch anders ist das von Tobler ebenda behandelte ital. *poi* prov. *pus* span. *pues* „denn" aus lat. *post* „hernach".

ὅτι γῆ εἰ καὶ εἰς γῆν ἀπελεύσῃ), sonst Nebensatzpartikel ist, ja im alten Latein vielfach »dass« bedeutet, so beruht dies wol auf dem Einfluss der gleich anlautenden *quod, quoniam*. Uebrigens hat *quia* dabei einen Genossen in *quippe*, das Schmalz in Iw. Müllers Grundriss II 309 richtig als ursprüngliches Fragewort erklärt hat, und das nun nicht bloss an der Spitze selbständiger Sätze, sondern auch vor kausalen Relativsätzen steht. Seltener sind andere interrogative Ausdrücke an darauf folgende Sätze angewachsen. *quin* »sogar« hat wol eigentlich wie so nicht?« bedeutet; was auf *quin* folgt, bestätigt das Vorausgehende. Aehnlich hat im Altindischen *kim* »was« in Verbindung mit *anyat* »aliud« und *ca* »und« die Bedeutung »ferner«, in Verbindung mit *tarhi* »jetzt« und *tu* »aber« die Bedeutung »jedoch«. Dagegen hat Brugmann Indog. Forsch. IV 229 ff. die von Deecke und Schmalz aufgenommene Vermutung Wegeners, dass der relativische Gebrauch des Fragepronomens in mehrern indogermanischen Sprachen aus derartiger Voranstellung erwachsen sei, mit triftigen Gründen zurückgewiesen.

Nicht bloss Fragewörter wachsen so an. Freilich, wenn Ebel KZ. 6, 207 die Verwendung von *nam* »jetzt« als Fragepartikel so erklären will, kann ich einen zwingenden Grund hiefür nicht finden. Dagegen scheint eine andre lateinische Partikel herzugehören, nämlich *rerum* »aber«. Während das ihm verwandte *rero* kraft seiner Stellung und seiner Kasusbedeutung in den Adversativsatz hinein gehört und seinen Inhalt als wahr bezeichnet, kann das nominativisch-akkusativische *verum* unmöglich diese Funktion haben. Seine Anfangsstellung gestattet, es als ursprünglich vom folgenden getrennt gesprochen zu denken. In welchem Sinn, zeigt seine gelegentliche Verwendung als Bejahungswort im alten Latein z. B. Pl. Men. 1024. *liberem ego te?* Darauf die Antwort· *rerum, quando quidem, ere, te servari.* Asin. 790 *scin, captiones metuis:: rerum.* Ebenso bei Terenz Ad. 543 *men quaerit?:: verum.* Eun. 347 *comites secuti scilicet sunt virginem :: rerum, parasitus cum ancilla.* Haut. 1013 *Facies?:: rerum.* So erklärt sich nun seine adversative Funktion. Es kündigt den Gegensatz dadurch an, dass es das Vorausgehende nochmals ausdrücklich bejaht und für wahr erklärt (Catull 76, 14 *difficilest. rerum hoc. qua lubet. effrias!*, ist also einigermassen dem auch den Gegensatz ankündigenden deutschen *zwar* vergleichbar, nur dass dieses in den ersten Satz eingefügt, nicht wie *rerum* nachgeschoben wird. In den ältern Texten könnte man ohne Störung des Sinnes noch hie und da hinter *verum* interpungieren z. B. Pl. Aulul. 127 *verum : hoc, frater, unum tamen cogitato*, eine Stelle, die für die Beurteilung von *verumtamen* lehrreich ist; vgl. Cic. de Fin. I 2, 5. Aber freilich ist es bei Plautus schon ganz als adversative Partikel gebraucht z. B. Bacch. 347 *ne illum verberes, rerum apud te vinctum adservato tibi.* — Ueber das sicher ebenfalls hergehörige τοιγάρ, an das im Verlauf τοι und οὖν anwuchsen, wie *ne* an *utrum*, verweise ich auf Indog. Forsch. I 377; eine plausible Etymologie des dem γάρ vorausgehenden τοι- steht mir auch jetzt nicht zu Gebote.

2) Sodann konnten Zwischensätze zu Partikeln herabsinken. Eine Bitte oder eine Aus-

sage kann man in einem Nebensatz geben, der von einem Verben des Bittens oder des Sagens oder Meinens abhängt. Giebt man sie aber in einem Hauptsatz und schiebt das Verbum des Bittens u.s.w. ein, so erhält dieses oft sehr schwachen Ton und nähert sich seinem Wesen nach einer die Satzart anzeigenden Partikel. Wie weit Ausdrücke wie lat. *quaeso obsecro precor amabo*, oder wie lat. *inquam credo opino(r) puto scio, prope dixerim, verius dicerim*, griech. οἴω οἶμαι, οἶδα und σάφ' οἶδα (Kock zu Aristoph. Nub. 862), altind. *ā-çamse* »ich hoffe«, *çanke* »ich fürchte«, *jāne* »ich erkenne, *manye* »ich meine«, an den einzelnen Stellen noch in voller verbaler Kraft verstanden wurden, ist schwer zu bestimmen. Aber in manchen Fällen lässt die Stellung oder die Funktion sicher eine Annäherung an Partikelbedeutung erkennen. Die Stellung z. B. Plautus Aul. 733 *quo obsecro pacto esse possum*, Demosth. 19, 80 οἱ μὲν οἴμαι βέλτιστοι oder 20, 3 ἐν οἴμαι πολλαῖς. Die Funktion z. B. bei *credo* nach dem Gebrauch zweier Zeitgenossen Ciceros, des Sulpicius (Cic. Epist. 4, 5, 3 *an illius vicem credo doles?*) und des Lukrez (5, 175 *an credo in tenebris vita ac maerore iacebat?*). Weil *credo* »ich glaube« in einen Fragesatz nicht passt, änderte Manutius bei Sulpicius und dann Lachmann bei Lukrez das *an* in *at*. Umgekehrt wollte Munroe (zu der Lukrezstelle) an beiden Stellen das *an* festhalten, aber das *credo* ändern. Aber es ist überhaupt nichts zu ändern: das eingeschobene *credo* hat nur noch die Bedeutung »vielleicht«.

Seltener als die erste findet man die zweite Person eines Verbums eingeschoben: ὁρᾷς »du siehst« (auch im Plural ὁρᾶτε) kann einen ὅτι-Satz regieren, aber in der Komödie, bei Plato und Xenophon kann es zwischen beliebige Worte eines Satzes gestellt werden und bedeutet da fast nichts anderes mehr als »unleugbar«, »natürlich«, »eben«, z. B. Aristoph. Nub. 355 καὶ νῦν γ᾽ὅτι Κλεισθένη εἴδον ὁρᾷς, διὰ τοῦτ᾽ ἐγένοντο γυναῖκες. Ekkles. 104 νυνὶ δ᾽ὁρᾷς πράττει τὰ μέγιστ᾽ ἐν τῇ πόλει. Alexis Fr. 9, 8 (II 300 Kock) τοῦτ᾽ ἐσθ᾽ ὁρᾷς Ἑλληνικὸς πότος. Vgl. Kock zu Ar. Nub. 355. Wendet sich die Rede an mehrere, so tritt bald ὁρᾶτε, bald ὁρᾷς ein, dieses z. B. Aristoph. Av. 556. Dazu kommt bei Eurip. Hippol. 446 und bei Aristoph. Ach. 12. 24. Plut. 742 πῶς δοκεῖς, Ar. Ran. 54 πῶς οἴει, Ar. Ekkl. 399 πόσον δοκεῖς in der Bedeutung »über die Maassen, ausserordentlich«. Zu mehr Bedeutung sind einige vorangestellte oder eingeschobene Imperative gediehen, wie ἄγε δὴ altind. *ehi* »wohlan«. Dann neben altindisch *paçya* »sieh« und dem von den Grammatikern unter den Partikeln aufgeführten *brūhi* eigtl. »sage«, das lateinische *puta*. Es begegnet zuerst bei Horaz: Sat. 2, 5, 32 *»Quinte« puta aut »Publi«*. Aber dass dieses *puta* älter ist als Horaz, ergiebt sich erstens aus der Prosodie: es stammt aus der Zeit, wo das Iambenkürzungsgesetz in voller Kraft stand. Sodann aus seiner vom gewöhnlichen Gebrauch von *putare* weit abliegenden Bedeutung »zum Beispiel«. Man nimmt an, dass es ursprünglich »setze in Rechnung« bedeutete. Lange auf die Volkssprache beschränkt, wurde es erst durch die horazische Satire hoffähig. Gleich der zweitälteste Beleg

25

Priap. 17, 5f. *Dis me legitimis nimisque magnis, ut Phoebo puta filioque Phoebi* u.s.w. zeigt eine Weiterbildung, die späterhin entschieden vorherrscht. *puta* ist durch Beisatz der Partikel, womit man Beispiele einzuführen pflegt, verschärft oder, wenn man will, damit kontaminiert. Das Bewusstsein von der Identität der Partikel *puta* mit dem Imperativ blieb übrigens lebendig. Sonst hätte z. B. Martial nicht ihre Prosodie auf den Imperativ übertragen. — Auch griechisch ἀμέλει eigentlich »sei unbesorgt«, dann im Sinne von »gewiss« verwandt, ist ein Wort der Alltagsrede. Die Komiker Eupolis (Πόλεις Fr. 20.), 1 χ' Ἀγοράς ἕκαστος ἀμέλει κλακένστκα) und Aristophanes (Ach.368 ἀμέλει μὰ τὸν Δἰ' οὐκ ἐνταπιδώσομαι u.s.w.) liefern die ältesten Belege. — Schon vorhistorisch hat sich die Abschwächung zur Partikel bei lat. *vel* vollzogen, das eigentlich der Imperativ von *velle* ist, wie *fer* der von *ferre*, und ursprünglich »wähle« bedeutete (nicht: »wolle«, da diese Bedeutung weder überhaupt denkbar, noch für die Erklärung der Partikel verwendbar ist). Brugmanns begrifflich ansprechende Auffassung von *vel* als Indikativform (aus *vels*) im Sinne von »willst du?« »wenn du willst« scheitert, wie Skutsch gezeigt hat, an lautlichen Bedenken.

Zahlreich sind die Ausdrücke, die das Verbum in der dritten Person haben oder kein Verbum haben. Sie können die Möglichkeit ausdrücken, wie altind. *syat* »vielleicht« (eigentlich = εἴη ἄν), franz. *peut-être*, engl. *may-be*; oder die Wirklichkeit, wie altind. *asti* »ist«, hie und da am Satzanfang mit der Bedeutung »zuweilen« oder »wirklich?«; oder die Notwendigkeit, wie spätlateinisch *necesse est* bei Hilarius (*ille necessst custodiatur* und *proclamabit necesse est*), das einen hübschen Beleg liefert, wie derartige Ausdrücke aus regierender Stellung herunterrücken können, vgl. Zingerle Archiv für lat. Lexikogr. II 3. 8. Bei *videlicet*, *scilicet* und dem noch rätselhaften *fortasse* ist dies viel früher eingetreten, obwol die ältere Sprache sie noch als regierende Glieder kennt. (Reiche Beispielsammlung bei Lorentz zu Pl. Pseud. 1162.) Dazu Ausdrücke des Meinens wie englisch *methinks*, *methought*, *it is true*, *no doubt*, dem altind. *ma samçayas*, *natra samçayas* genau entspricht. Ferner vedisch *itiha dhiya* »gern« eigtl. »so ist der Wille« Pischel Vedische Stud. I 184. Über lat. *igitur* für *agitur* s. Hartmann KZ. 27, 579ff. Auf Ausrufungen aller Art, wie lat. *mehercule*, *mediusfidius*, deutsch *Gottlob*, *Gottseidank*, sei eben nur hingewiesen.

Auch die im alten Latein beliebten zeigenden Ausdrücke, in denen *ecce* mit dem Akkusativ der Demonstrativa verschmolzen ist, *eccum eccistam eccillum* u.s.w. (Bach in Studemunds Studien auf dem Gebiete des archaischen Lateins II 387ff., bes. 402ff.) werden so vorgeschoben und eingeschoben. Geht ihnen die Bezeichnung des Begriffs, worauf sie sich beziehen, im Subjektsnominativ voraus oder stehn sie zwischen Verb und Subjektsnominativ, so bewahren sie den Charakter von Einschaltungen, z. B. Plautus Rud. 844 *Plesidippus eccum adest.* Aul. 665 *senex eccum aurum refert foras.* Bacch. 1166 *eunt eccas tandem probri perle-*

4

cebrae. Wo dagegen ein Verbum fehlt und neben den Zeigeausdrücken bloss die nominale Bezeichnung des Begriffs steht, tritt diese unter den Einfluss des Zeigeworts und geht aus der theoretisch zu fordernden nominativischen Form regelmässig in die akkusativische über z. B. Capt. 169 *eccum ipsum hominem.* Aul. 536 *sed eccum adfinem ante aedes.* Und eben diese Assimilation tritt ein, wo *eccum* u. s. w. den nominalen Ausdruck hinter sich hat, z. B. Mil. 1290 *sed eccum Palaestrionem stat cum milite.* Bach a. a. O 407 ff. interpungiert in diesen Fällen zwischen Nomen und Verbum, z B. also *sed eccum Palaestrionem, stat cum milite,* und behauptet, dass bei solcher Wortfolge Plautus immer den Akkusativ habe, aber Terenz Ad. 923 *sic solco:* *sed eccum Micio egreditur foras,* und Eun. 79 *sed eccam ipsa egreditur, nostri fundi calamitas* fügen sich überhaupt nicht (Bach S. 411) und mehrere Plautusstellen nur auf Grund von Aenderung (Asin. 151. Most. 686. Pers. 543. Rud. 663) oder falscher Interpunktion (Most. 363). Wenn aber feststeht, dass hinter *eccum* u. s. w. in solchem Fall auch der Nominativ stehen konnte, dann dürfen wir auch nicht mit Bach den Akkusativ mittelst jener Interpunktionsweise erklären, sondern müssen anerkennen, dass z. B. Rud. 663 *sed eccas ipsae huc egrediuntur timidae †aefandae mulieres* die ursprüngliche Ausdrucksweise darstellt und dem gegenüber z. B. Miles 1215 *sed eccam ipsam egreditur foras* oder 1290 *sed eccum Palaestrionem stat cum milite* auf Assimilation, sogen Attraktion, beruhen. Das umgekehrte, Accommodation des Zeigeausdrucks an das Nomen, das den gleichen Begriff bezeichnet, oder, wo kein Nomen dasteht, völlige Einordnung in das betr. Satzganze, zeigt das Vulgärlatein der Kaiserzeit. Bach a. a. O. 396 A. führt aus Apuleius Apol. p. 321, 24 *eccilli Herennio Rufino* und aus der Historia Apoll. c. 39 p. 80, 11 R. *ecce illa mihi maxime placet, quam video esse separatam* an. Es war eben *eccillum* u. s. w. zum gewöhnlichen Demonstrativum herabgesunken. Vorbereitet war diese Entwicklung durch die altlateinische Gewohnheit, diese Wörter an nominale Objekte anzugliedern, die von *video* oder auch etwa andern Verba regiert sind, z. B. Plautus Trin. 622 *sed generum nostrum ire eccillum video cum adfini suo.* Men. 219 *eccos tris nummos habes.* Truc. 536 ⸢attuli eccam pallulam ex Phrygia tibi.*

3) Die dritte Klasse wird gebildet durch regierende Sätze, die, weil der Bedeutungsinhalt der betr. Periode wesentlich durch den Nebensatz gegeben ist, während sie selbst ihn bloss nuancieren, allmählich samt der den Nebensatz einleitenden Partikel dem Nebensatz als ihm untergeordneter Bestandteil nach Art eines Adverbs eingefügt werden. Man vergleiche hierüber Paul Principien ²253 f., der treffende Beispiele aus dem Latein, den romanischen Sprachen und dem Deutschen bringt. Aus dem Griechischen gehören hierhin die bekannten Wendungen δηλονότι, (εὖ) οἶδ' ὅτι, εὖ ἴσθ' ὅτι, und in gewissem Sinn auch οἶσθ' ὁ δρᾶσον. Das Aufkommen solcher war begünstigt durch die den alten Sprachen eigene grosse Fähigkeit zur Einschachtelung von Sätzen, wie in Eurip. Or. 600 ἀλλ' ὡς μὲν οὐκ εὖ μὴ λέγ' εἴργασται τάδε oder in Theokrit 16, 16

πᾶς δ᾽ ὑπὸ κόλπῳ χείρας ἔχων πόθεν οἴσεται ἀθρεῖ ἔριφον. Die ursprüngliche Satznatur ist fast völlig abgestreift bei lat *forsitan forsan*, neben denen immerhin der Konjunktiv, der dem durch sie qualifizierten Satz als ursprünglichem abhängigen Fragesatz zukam, erst in der augusteischen Zeit wich; sowie bei *nescio quis* und Genossen (Schmalz Lat. Syntax² § 213 A. S. 474)¹). Dass *nescio quis* schon bei Plautus fast mit *aliquis* gleichwertig war, ergiebt sich bekanntlich aus der Prosodie, sowie aus Stellen wie Epid. 191 *apud nescio quam fidicinam* und 537 *rideor nescio ubi risisse*. — Ähnlich sind Fälle wie Cic. ad Att. 7, 2, 5 *litteras tristes et metuo ne veras*. sowie *incertum (est). dubium (est)*: jenes dann etwa ganz dem Satzglied, zu dem es speziell gehörte, assimiliert, wie z. B. bei Liv. 27, 3, 5 *is quoque incertus mas an femina esset natus erat*, wonach der kühne Ausdruck des Horaz Sat. II 1, 34 *sequor hunc Lucanus an Appulus anceps*, wo *anceps* kaum als Neutrum zu nehmen ist. Vgl. auch Sall. Jug. 49, 5.

Teils dem zweiten teils dem dritten Typus gehören die Zeitbestimmungen mittelst herabgedrückter Hauptsätze an. Dem dritten z. B. Anakr. Fr. 41 ὁ Μεγίστης δ᾽ ὁ φιλόφρων δέκα δὴ μῆνες ἐπεί τε στεφανοῦταί τε λύγῳ καὶ τρύγα πίνει μελιηδέα. Soph. Ai. 600 ἐγὼ δ᾽ ὁ τλάμων παλαιὸς ἀφ᾽ οὖ χρόνος — εὐνῶμαι vgl. Phil. 493. Isokr. 5, 47 (ohne Einschub Anab. Xen. 3, 2, 14) Pl. Aul. 4: *hanc domum iam multos annos est quom possideo*, aus *multi anni sunt quom* und einfachem *multos annos* kontaminiert. Dem zweiten Typus gehören an lat. *nu-dius tertius, -quartus, u. s w.*, wo sich vorhistorisches *nu* »jetzt« und *dius* »Tag« gehalten haben, und wol auch griech. τρίτον τουτὶ ἔτος u dergl., dem gegenüber lateinisch *sex abhinc annis* oder *annos* vielleicht nur auf nachträglicher Akkommodation eines ältern *sex abhinc anni* an das Satzganze beruhen. Ferner aus neuern Sprachen z. B. franz. *il y a* »vor« (nebst *l'autre jour*?? Wölfflin Münchner Sitzgsber. 1891, 476) und englisches wie *his father died last saturday was sevennight* (Chesterfield Brief 137). Den Übergang von der versteinernden Phrase zur reinen Partikel können wir beobachten bei franz. *naguère* »vor kurzem« und dem jetzt veralteten *piéça* »vorlängst« aus altfranz. *n'a guire* »es ist nicht lange« bezw. *piéç'a* und Zubehör, denen ausser *il y a* altfranz. *hui trois jours i a*, *long temps a* und entsprechende Phrasen mit *ha* im Portugiesischen zur Seite stehen. Vgl. Tobler Vermische Beitr. II 1 ff. Jahrbuch für roman. und engl. Litt. VIII 350.

Von diesen chronologischen Distanzbestimmungen entfernt sich das ἑνὸς δεῖ nicht weit. Dass man im Gegensatz zum herrschenden ἑνὸς δέοντα u. dgl. zum unpersönlichen Ausdruck griff »es fehlt an einem«, ist in dem sonstigen Gebrauch von δεῖ begründet; die Voranstellung des ἑνὸς δεῖ aber ist dem partizipialen Ausdrucke nachgeahmt. Daneben findet sich schon früh in diesen subtraktiven Ausdrücken das absolute statt des conjunkten Partizips (Lys. 19, 43 u. s. w.).

¹ Unrichtig stellt Schmalz S. 501 auch *tantum quod* in diese Reihe, s. unten p. 32.

4*

b) δεῖν für δέον erkennt Usener Jahrbb. 105, 744 ferner in den Wendungen ὀλίγου δεῖν, μικροῦ δεῖν »beinahe«. Diese Wendungen sind vor dem vierten Jahrhundert nicht zu belegen. Doch findet sich in früherer Zeit Verwandtes, das uns zur Erläuterung ihrer Vorgeschichte willkommen ist. Zunächst ὀλίγου in derselben Bedeutung »beinahe« bei verbalen Ausdrücken, besonders solchen des Verderbens und zu Grunde gehens. So schon Homer einmal ξ 37 ὦ γέρον, ἦ ὀλίγου σε κύνες διεδηλήσαντο, dann in lebendiger attischer Rede Aristoph. Ach. 348 ὀλίγου τἀπέθανον ἄνθρακες Παρνήσιοι. Vesp. 829 ὡς ὀλίγου γ᾽ ἀπωλόμην. (Aehnlich wie an diesen zwei Stellen Ach. 381. Nub. 722. Thesm. 935) Thuc. 8. 35, 3 προσβαλόντες τῇ πόλει ἀτειχίστῳ οὔσῃ ὀλίγου εἷλον u. s. w. Von Thuc. 4, 124, 2 (ὀλίγου ἐς χίλιους) an findet sich es sich auch Quantitätsausdrücken vorgeschoben, so bei Plato öfters vor πᾶς, ἅπας, im Phaedo 80 C vor ὅλον, bei Xenophon Symp. 3,6 vor ἐν ἑκάστῳ τὴν ἡμέραν. Wieder anders Plato Rep. 3, 397 B ὀλίγου πρὸς τὴν αὐτήν u. s. w. Statt ὀλίγου mit Verben μικροῦ bei Xenophon, dem greisen Plato und Demosthenes. Schon Krüger zu Thuc. 4, 124, 2 hat die Annahme, dass ὀλίγου aus ὀλίγου δεῖν verkürzt sei, abgelehnt. Sie wird auch durch die Chronologie ausgeschlossen. Vielmehr ist ὀλίγου an die Genetivi pretii anzuschlie:sen, obwol πολλοῦ z. B. in Aristoph. Nub. 915 θρασὺς εἶ πολλοῦ oder Ran. 1046 πολλὴ πολλοῦ 'πεκάθητο anderswohin weist. Um aber zu verstehen, warum an dieses für sich allein schon genügende ὀλίγου nachträglich δεῖν angefügt erscheint, ist eine weitere alte Phrase heranzuziehen.

Bekanntlich findet sich ὀλίγου, aber auch ἐλαχίστου, πολλοῦ, τοσούτου mit δέω »ich ermangle« und davon abhängigem Infinitiv verbunden, um den Grad der Entfernung von der durch den Infinitiv ausgedrückten Handlung auszudrücken: ὀλίγου δέω ἀπολέσθαι »mir fehlt wenig zum Untergehen« d. h. »ich gehe beinahe unter«, πολλοῦ δέω ἀ. »mir fehlt viel zum Untergehen«. Der Infinitiv steht also wie bei Homer Σ 100 ἐμεῦ δὲ δῆσεν ἀρῆς ἀλκτῆρα γενέσθαι »ich fehlte ihm für das Retter werden« oder wie Λ 340 f. εἰ ποτε δηίετε γρειὼ ἐμεῖο γένηται ἀεικέα λοιγὸν ἀμῦναι (cf. δ 634); der Genetiv ist der ablativische des Mangels. Sappho Fr. 2, 15 τεθνάκην δ᾽ ὀλίγω 'πιδεύης φαίνομαι ἄλλα scheint auf diesem Sprachgebrauch zu fussen. Dann hat ihn Herodot 7, 10 γ 2 οἴον κοτε ἡμέας ὀλίγου ἐδέησε καταλαβεῖν πάθος, Thucydides 2, 77, 5 τοῦτο ... τοὺς Πλαταιᾶς ... ἐλαχίστου ἐδέησε διαφθεῖραι, Lysias von seinen ältesten Reden an z. B. 12, 17 οὕτω πολλοῦ ἐδέησε κρῦθναι καὶ ἀπολογήσασθαι. 3, 7 καὶ τοσούτου ἐδέησεν αὐτῷ μεταμελῆσαι (»es reute ihn so wenig«), und überhaupt die Prosaisten des IV. Jahrhunderts. (Xen. Hell. 4, 6, 11 mit μικροῦ).

Dann findet sich der Ausdruck auch unpersönlich mit Ergänzung des Infinitivs aus dem Zusammenhang: πολλοῦ γε δεῖ »weit entfernt!« Eurip. Fr. 709. Aristoph. Ach. 543. Pl. Phaedo 80 E; πολλοῦ γε καὶ δεῖ Demosthenes öfters; derselbe auch οὐδὲ ὀλίγου δεῖ, οὐδὲ ὀλίγου γε δεῖ, οὐδὲ πολλοῦ δεῖ. Und dieses δεῖ c. Genetivo kann nun nach Massgabe der oben S. 23 ff. besprochenen Sprachneigung als untergeordnetes Glied in einen Satz eingeschoben werden, um mit ὀλίγου, μικροῦ

29

den Begriff »fast«, mit πολλοῦ den Begriff »fast nicht - »kaum« auszudrücken: Isokr. 5, 51 ὥσ
ὀλίγου δεῖ καθ' ἕκαστον τὸν ἐνιαυτὸν . . . περιορῶσιν. 8, 44 πόλεμον μὲν μικροῦ δεῖ πρὸς ἅπαντας
ἀνθρώπους; — ἀναιροῦμεθα. 15, 159 ὥστ' ὀλίγου δεῖ πάντες προσεποιοῦντο, an allen drei Stellen
durch den Urbinas gesichert. Plato Symp. 203 C πρῶτον μὲν (ὁ Ἔρως) πένης ἀεί ἐστιν καὶ πολλοῦ
δεῖ ἁπαλός τε καὶ καλός, οἷον οἱ πολλοὶ οἴονται, ἀλλὰ σκληρός. Rep. 2, 378 C πολλοῦ δεῖ γιγαντο-
μαχίας τε μυθολογητέον αὐτοῖς καὶ ποικιλτέον. Leges 12, 948 D δεινὸν τὸ εἰδέναι σμικροῦ δεῖ (so
wol die beste Ueberlieferung) τοὺς ἡμίσεις αὐτῶν ἐπιωρκηκότας. Dem. 20, 20 φανήσεται γὰρ οὐδὲ
πολλοῦ δεῖ (»nicht einmal kaum«) τῆς γενησομένης ἄξιος κλοπῆς. 23, 34 ὁ δὲ τὸ ψήφισμα γραφων
πολλοῦ γε δεῖ διώρισεν. 27, 24 ἀναλώματος δὲ κεφάλαιον εἰς αὐτοὺς οὗτος ὀλίγου δεῖ (Blass δεῖν
gegen S) λογίζεται χιλιάς. 27, 9 οὐ φανερῶς οὑτωσὶ μικροῦ δεῖ (Blass δεῖν gegen S) τρία τάλαντα
ταῦτα ἀνηρπάκασιν. ¹)

Dieser Ausdrucksweise entspricht auffällig genau eine des Französischen. *beaucoup s'en
faut* (»es fehlt viel«) und *peu s'en faut* (»es fehlt wenig«) können entweder einen *que*-Satz
regieren wie πολλοῦ oder ὀλίγου δέω einen Infinitivsatz, oder in den Satz, der das aussagt,
wozu viel oder wenig fehlt, eingeschoben werden. Letzteres z. B. (nach Littré) Régnier Epit. III
L'abbaye — ne vaut pas beaucoup s'en faut les deux mille francs. Corneille Horace IV 2
aussi le reçoit-il peu s'en faut (genau = ὀλίγου δεῖ) *sans défense.* Racine Phèdre III 1 *avec
quels yeux cruels sa rigueur obstinée vous laissait à ses pieds peu s'en faut prosternée.* Auch
tant s'en faut findet sich so.

Nun kommen wir endlich zu δεῖν zurück. Statt ὀλίγου δεῖ findet sich ὀλίγου δεῖν nach
Grünenwald Der Infinitiv der Limitation (Beiträge zur histor. Syntax von Schanz II 3) S. 8 ff.
bei Pl. Apol. 22 A.; bei Xenophon Hellen. 2, 4, 21. Memor. 3, 10, 13; bei Isokrates 6, 65. 7, 69; bei
Demosth. 9, 1. (οὐδ' ὀλίγου δεῖν 20, 113); bei Aeschines 3, 165; μικροῦ δεῖν bei Isokr. 4, 144. 8, 89. 9, 158.
Demosth. 18, 269. 55, 3. Aeschin. 3, 31. Lykurg 71. Aristot. de gen. anim. 2 p.748 b 15. DHal. Arch.
Rom 11, 23; πολλοῦ δεῖν in Dem. 23, 7 (352 a. Ch.): ἵν' ἥδεστε πολλοῦ δεῖν ἄξιον ὄντα τυχεῖν τοῦ
ψηφίσματος αὐτὸν τουτουί.²)

Es wäre thöricht die eine Reihe von Stellen nach der andern korrigieren und entweder
δεῖ oder δεῖν durchführen zu wollen. δεῖ und δεῖν sind in diesen Formeln gleichberechtigt. Aber
gewiss sind sie nicht unabhängig von einander entstanden, auch nicht das wol verständliche
δεῖ aus δεῖν, sondern δεῖν aus δεῖ. Von willkürlichem oder zufälligem Anwuchs von -ν kann

¹) Bei Dem 21, 205 οὐδ' ὀλίγου δεῖ („nicht einmal annähernd") τοῦτον ἔθηκε; τὸν νόμον zieht Weil mit
Recht die Variante ὀλίγου δὲ „um weniges" vor.
²) Hyperides gegen Philippides 7 ist natürlich mit Köhler πολλῷ γε ἄ[εῖ· οὐ γὰρ ἀπῆλθον ταυτῇ ὤνεται zu
schreiben, nicht mit Blass πολλοῦ γε [δεῖν γάρ u. s. w   Über μικροῦ δεῖν, ὀλίγου δεῖν bei den Attizisten der Kaiserzeit s. W. Schmid Attizismus I 126. 276. II 130.

dabei selbstverständlich nicht die Rede sein. Auch Useners Auffassung, dass δεῖν hier Partizip sei, ist ausgeschlossen; dass man etwa das Verbum finitum durch das Partizip hätte ersetzen wollen, lässt sich nicht denken. Bleibt übrig δεῖν als das zu fassen, was es in der Regel war, als Infinitiv. Wir haben dafür eine lehrreiche Parallele in ἐμοὶ δοκεῖ. Der eigentliche Inhalt der Aussage kann bei diesem entweder wie bei ὀλίγου δεω in einem davon regierten Infinitivsatz niedergelegt sein, oder in einem Hauptsatz, in den ἐμοὶ δοκεῖ eingeschoben ist, wie ὀλίγου δεῖ in seinen Hauptsatz, oder endlich kann dafür der Infinitiv eintreten, wie ὀλίγου δεῖν für ὀλίγου δεῖ. Der Infinitiv ist in diesem Fall der limitative; die Aussage hat nur Geltung innerhalb der Geltung des Infinitivsatzes; ἐμοὶ δοκεῖν heisst »soweit meine Meinung in Betracht kommt«. Danach müssen wir das δεῖν zu begreifen suchen, und wir können es, sobald wir uns klar machen, dass δεῖν nicht für jedes eingeschobene δεῖ e. Genetivo eingetreten ist, sondern eigentlich nur für das mit ὀλίγου oder μικροῦ verbundene. Isokrates, Plato, Xenophon, Lykurg, Aeschines, Aristoteles kennen nur ὀλίγου δεῖν, μικροῦ δεῖν, und bei Demosthenes steht viermaligem ὀλίγου δεῖν, μικροῦ δεῖν nur das eine πολλοῦ δεῖν in 23, 7 gegenüber. Nur ὀλίγου δεῖ, μικροῦ δεῖ limitieren die Aussage, machen einen Vorbehalt. Natürlich, dass man den aus so viel Formeln (und gerade auch aus ἐμοὶ δοκεῖν) in diesem Sinn geläufigen Infinitiv in die Wendung mit ὀλίγου, μικροῦ einführte. Vgl. Grünenwald a. a. O. p. 10. Das passt nicht auf jenes eine πολλοῦ δεῖν, das die Aussage nicht beschränkt, sondern verneint. Es darum in πολλοῦ δεῖ ändern dürfen wir nicht, weil sonst Hiatus entstünde. Vielmehr haben wir ein Hinauswachsen der infinitivischen Ausdrucksform über ihr eigentliches Gebiet, ein äusserliches Nachahmen des mit ὀλίγου verbundenen δεῖν anzuerkennen. Ganz ähnliches treffen wir bei einem andern limitativen Infinitiv, dem auf ἑκών folgenden εἶναι. Obwol es nach durchgehender Uebung und nach seiner eigentlichen Bedeutung »soweit die Freiwilligkeit in Betracht kommt« nur in negativen Sätzen voll berechtigt ist, findet es sich doch Hdt. 7, 164, 3 und Antisthenes Aias § 4 auch im positiven Satze, einfach durch gedankenlose Erweiterung des Gebrauchs, ohne dass man εἶναι zu streichen berechtigt wäre.

c) α) Aristoph. Daitales Fr. 220 (II 447 Kock) εἰς τὰς τριήρεις δεῖν ἀναλοῦν ταῦτα καὶ τὰ τείχη — der zugehörige Hauptsatz ist verloren.[1]) Lysias 14, 7 —, ὅτι δεῖν (so Stephanus für δεῖ) αὐτὸν (so Emperius für ἕκαστον) μετὰ τῶν ὁπλιτῶν κινδυνεύειν οὐδ' ἱππεύειν εἵλετο. — β) Plato Euthyphr. 4 D οὔτε ἀποκτείναντι ὡς φησιν ἐκεῖνος, οὔτε — οὐ δεῖν φροντίζειν (»da er weder getötet habe, noch man sich kümmern müsse«). Charm. 164 E ὡς τούτου οὐκ ὀρθοῦ ὄντος τοῦ προσρήματος

---

[1]) Das überlieferte δεῖ μ' ist unhaltbar, weil es nur auf den Demos als Sprecher passen würde und dieser in dem Stück nicht auftritt. Kocks Meinung, dass δεῖν zu schreiben, aber als Infinitiv zu fassen sei, lasst sich nicht widerlegen, ist aber unwahrscheinlich.

τοῦ χαίρειν οὐδὲ δεῖν τοῦτο παρακελεύεσθαι. Xen. Hellen. 7, 4, 39 πέμψαντες δ'εἰς Θήβας πρέσβεις κατηγόρουν αὐτοῦ, ὡς δεῖν ἀποθανεῖν. Bei den Byzantinern kam derartiges δεῖν zeitenweise in die Mode. Belege aus Chumnos, Vater und Sohn, Hyrtakenos und Kantakuzenos bei Boissonade Aneed. II 78.

An allen diesen Stellen könnte für δεῖν auch δέον stehen. Daraus folgt aber nicht phonetische Entstehung des einen aus dem andern. Wir wollen einen andern Weg versuchen. Neben dem δεῖν der Gruppe e x), das an beiden Belegstellen wol ganz gesichert ist, steht, gerade so wie neben dem δεῖν von ὀλίγου δεῖν, ein damit völlig gleichwertiges δεῖ: Pl. Charm. 171 A ὅτι μὲν δὴ ἐπιστήμην τινὰ ἔχει, γνώσεται ὁ σώφρων τὸν ἰατρόν· δεῖ δὲ δὴ πεῖραν λαβεῖν, ἥτις ἐστί, ἄλλό τι σκέψεται ἐντινῶν. Ich gebe die Stelle nach Codex T; in B ist das δὲ vor δὴ ausgelassen. Wenn Heindorf εἰ δὲ δεῖ πεῖραν λαβεῖν schreibt und C. F. Hermann, dem Schanz folgt, δεῖν δὲ π.λ., so ist genügend klar, dass der δεῖ-Satz hier den Wert eines Bedingungssatzes hat. Kann dieses δεῖ gehalten und verstanden, und kann aus ihm unser δεῖν hergeleitet werden? Beide Fragen sind zu bejahen.

An der Charmidesstelle haben wir wieder einen in der Zeit blühender Hypotaxis aufgekommenen Fall von Parataxis. Wie beliebt Perioden sind, in denen der Vordersatz aus einem Wunsch-, Befehl- oder Fragesatz besteht, und wie leicht solche Vordersätze die Geltung von Bedingungssätzen bekommen, ist bekannt. Aber es kommt auch gar nicht selten, im Griechischen wie in andern Sprachen, vor, dass in einem vorangestellten positiven Indikativsatz zuerst ein Anlass oder eine Bedingung gegeben wird, und sich daran alsdann ein zweiter Satz asyndetisch anschliesst, der das bei einem solchen Anlass oder unter einer solchen Bedingung Gethane giebt. Im Griechischen ist diese Ausdrucksform keiner Stilgattung fremd. Für die Tragödie verweise ich auf die einander nah verwandten Beispiele parataktischer Fallsetzung Aesch. Eum. 894 καὶ δὴ δέδεγμαι· τίς δέ μοι τιμὴ μένει; Eurip. Med. 386 καὶ δὴ τεθνᾶσι· τίς με δέξεται πόλις; Eurip. Hel. 1059 καὶ δὴ παρεῖμεν (»gesetzt, dass er zurückwich«)· εἶτα πῶς ἄνευ νεὼς σωθησόμεσθα. Auch die historische Prosa besitzt sie: Hdt 4, 118, 10 οὔκων ποιήσετε ταῦτα (= ἐὰν μὴ ποιήσητε ταῦτα)· ἡμεῖς μὲν πιεζόμενοι ἐκλείψομεν τὴν χώρην ἢ μένοντες ὁμολογίῃ χρησόμεθα. Ebenso 5, 92ζ 33. Vgl. 7, 103 2. Aber besonders beliebt ist sie da, wo sich die Redeweise des Alltags wiederspiegelt, in der Komödie. Ich hebe nur einige wenige Beispiele aus: Aristoph. Vögel 76ff. τότε μὲν ἐρῶ φαγεῖν ἄρτας Φαληρικάς· τρέχω 'π'ἄρτας—. ἐτνους δ'ἐπιθυμεῖ δεῖ τι τορύνης· καὶ γύτρας, τρέχω 'πὶ τορύνην. Anaxandrides Fr. 52 II 158 K. (nachdem eine Bedingung durch ein Partizip, eine zweite durch einen ἤν-Satz gegeben ist) Vs. 9 ἀλλ' ἔλαβεν αἰσχρὰν οὐ ῥαστόν ἐστ' ἔτι. —ἀλλ' ἔλαβεν ὁραΐαν τις· οὐδὲν γίνεται μᾶλλόν τι τοῦ γήμαντος. Ähnlich desselben Fr. 34 II 148 K., wo auf ἤν(= ἐάν)-Sätze mit zugehörigem Hauptsatz Vs. 4—9 sechs indikativische Vordersätze ohne Partikel mit je zugehörigem Nachsatz folgen und dann mit zwei έν-Perioden geschlossen wird. Es ist nicht zufällig, dass in beiden Fragmenten die meisten dieser parataktischen Vordersätze τις als Subjekt oder als hauptsächliches Satzglied haben. Ebenso Timokles Fr. 6 (II 458 K.), 13—16. Philemon Fr. 107 (II 512 K.), 2 ff. Alexis Fr. 98 (II 329 K.), 7 ff. Henioehus Fr. 5 (II 433 Koch), 4, wo zugleich hypothetische Modusform angewandt ist: τάχ' ἄν τις ὑποκρούσειεν ὅτι πότ' ἐνθάδε νῦν εἰσι κἀνέροιτο, παρ' ἐμοῦ πεύσεται (Kock ändert thöricht), sowie Pl. Theaet 173 D εὖ δὲ (wofür Badham εἰ δ' εὖ) ἡ κακῶς τις γέγονεν ἐν τῇ πόλει, ἥ τί τῳ κακόν ἐστιν ἐκ προγόνων γεγονός ἡ πρὸς ἀνδρῶν ἡ γυναικῶν· μᾶλλον αὐτὸν λέληθεν ἡ οἱ τῆς θαλάττης λεγόμενοι χόες. — Knapp ohne Verbum drückt sich Menander Fr. 533, 13 (II 157 Kock) aus Σκύθης τις, ὄλεθρος, womit man das hübsche Beispiel bei Teles ed. Hense p. 7, 5 ff. zusammenhalte ὡς πρὸς τὸν ἀέρα φράττη (εὐδία, καὶ διαστείλω· ψύχος, συνεστείλω), οὕτω καὶ πρὸς τὰ ὑπάρχοντα· εὐπορία, διάστειλον· ἀπορία, σύστειλον. — Auch rhetorisch liess sich diese Art Parataxis verwerten. Demosthenes hat eine Anzahl mächtiger Beispiele: 18, 198 πράττεταί τι τῶν ὑμῖν δοκούντων συμφέρειν· ἄφωνος Αἰσχίνης. ἀντέκρουσέ τι καὶ γέγονεν οἶον οὐκ ἔδει, πάρεστιν Αἰσχίνης. 18, 274 ἀδικεῖ τις ἑκών· ὀργὴν καὶ τιμωρίαν κατὰ τούτου. ἐξήμαρτέ τις ἄκων· συγγνώμην ἀντὶ τῆς τιμωρίας τούτῳ. Vgl. auch Demosth. 3, 34. 22, 266. Hyperides Euxen. 21, 21 ff. — Aus dem Latein mögen hier die Dichterstelle bei Diomedes GL. 1, 386, 19 *aclutum, voltis, cmplasi; nollis. non cmplast.* Vergil. Georg. 2, 519 *renit hiems: teritur Sicyonia baca trapetis.* Hor. Sat. 2, 5, 74 f. *scribet mala carmina recors: laudato. scorlator erit: care te rogel,* sowie der Hinweis auf Friedländer zu Martial 2, 44, 1 genügen.

Dass auch das Gegenteil vorkommt: Erhebung eines Nebensatzes zum Hauptsatz, daran zu erinnern scheint nicht undienlich, obwol schon Engländer im Archiv für lat. Lexikogr. 6, 467 f. darauf hingewiesen und trefflich gewählte Beispiele beigebracht hat. Ich gehe von einer von Schmalz Lat. Syntax² 501 unrichtig beurteilten lateinischen Redewendung aus. Von *tantum quod* finden sich in der ältern Litteratur zwei Gebrauchstypen. Einmal dient es zur Einleitung eines Nebensatzes, der den vorausgehenden Hauptsatz beschränkt, und ist dann mit »nur in so weit als« »mit dem Vorbehalt, dass« zu übersetzen: Cic. Verrina I 116 *componit edictum iis verbis, ut quivis intellegere posset unius hominis causa conscriptum esse. tantum quod hominem non nominat.* Auch Livius hat den Ausdruck in diesem Sinn, doch mit Annäherung an das causale *quod* und an das als Nom. sg. ntr. gebrauchte, ersteres 33, 4, 6 *Romanis ferme par numerus erat; equitum tantum quod Aetoli accesserant superabant,* letzteres 22, 2, 9 — *tantum quod* (»gerade nur was—«) *extaret aqua quaerentibus.* Zweitens kann aber *tantum quod* auch einen Hauptsatz einleiten mit der Bedeutung »just eben« in temporalem Sinne. So Cic. Epist. ad fam. 7, 23, 1 *tantum quod ex Arpinati reneram, cum mihi a te litterae redditae sunt.* »Eben war ich — angekommen, als mir dein Brief abgeliefert wurde.« Die erstere Ausdrucksweise entspricht genau der eigentlichen Bedeutung von *tantum* und von *quod* und deutschem *nur dass;*

sie ist also die ältere. Aus ihr entwickelte sich die zweite etwa folgendermassen. *tantum quod* nach der Stelle der Verrina führt etwas ein, was beinahe unterblieben wäre, was knapp ins Dasein getreten ist. Spricht man es für sich, mit Pause davor, so kann es übersetzt werden: »das äusserste war, dass—« »höchstens« »eben nur«. Das knapp ins Dasein treten kann aber auch zeitlich verstanden werden. Wie *seulement* »nur« auch »erst« bedeutet, so konnte auch *tantum quod* »eben nur« in Sinne von »eben erst« gesagt werden; vielleicht war bereits das unterordnende *tantum quod* temporal gebraucht worden. — Auch beschränkende Nebensätze anderer Form finden wir als Hauptsätze gebraucht: ich erinnere an griech. εἰ μή (E.177), εἰ μή ἄρα, ἤν μή ποτε (Eur. Med. 30); lat. *nisi* *nisi forte* u.s.w., die als bescheiden zögernde oder auch ironische Adversativpartikeln gebraucht werden. Diesen Fällen stehn die selbständig gewordenen Konzessivsätze sehr nahe. Wie oft *etsi* und namentlich *quamquam*, deren ursprünglicher Charakter als Nebensatzpartikeln ausser Zweifel steht, an der Spitze von Hauptsätzen stehen, ist bekannt. Paul Principien² 250 führt entsprechende Beispiele mit *wiewohl* und *obgleich* aus Hagedorn bezw. Hebel an, Engländer Archiv 6,467 altfranz. *et non porquant* »dennoch«.

Denselben Vorgang treffen wir auch bei sonstigen Nebensätzen, besonders augenfällig und häufig bei lateinisch *qui* (seltener bei griech. ὅς), wofür ich auch wieder auf Paul 249f. verweise, der als ein Kriterion für die Verselbständigung mit Recht den Gebrauch des Imperativs nennt, z. B. im II. Timotheusbrief 4. 15 ὃν καὶ σὺ φυλάσσου. Dazu kommen Kausalsätze: griech. ἐπειδή) und bei Plinius d. j. *si quidem* für »denn« (Schmalz, Berliner Philol. Woch. 1892, 1134); Konsekutivsätze: ital. *si che* eigtl. »so dass«, gebraucht im Sinne von »so denn« (Engländer Archiv 6, 468); endlich die Sätze, welche mit den Partikeln für »bis«, »so lange als« eingeleitet sind und dann gern so gebraucht werden, dass die betr. Partikel »schliesslich« statt »bis« bedeutet, und »inzwischen, mittlerweile« statt »so lange als«. Ersteres ist von Engländer a. a. O. für lateinisch *donec, denique* konstatiert z. B. Petron. 40 »sophos« *universi clamamus et — inuramus Hipparchum Aratumque comparandos illi homines non fuisse:* donec *adrenerunt ministri. —* 55 *dinique summa carminis penes Mopsum Thracem commorata est:* donec *Trimalchio ›rogo‹, inquit, »magister«,* und danach die romanischen Sprachen; Persson Indog. Forsch. II 221 hätte sich dem evidenten Thatbestand fügen und hier nicht im Anschluss an Groeber Archiv. II 101 f. ein Fortleben vorhistorischer demonstrativer Bedeutung von *denique* wittern sollen, weil Übergang von demonstrativer »Bedeutung zu relativer ein ausserordentlich häufiger Vorgang« sei, was von dem umgekehrten Funktionswechsel nicht gelte: was nun von selbst dahinfällt.¹)

---

¹) Den Stellen des Petronius kommen diejenigen anderer zum Teil älterer Autoren sehr nahe, wo *donec* im Deutschen etwa mit „bis schliesslich" wiederzugeben ist und der damit eingeleitete Satz weniger dazu dient, die Hauptsatzhandlung zu begrenzen, als vielmehr der Erzählung ein weiteres Moment beizufügen, etwas das

34

Dagegen ein »so lange als« findet sich in dieser Art fortentwickelt in altind. *yāvat* (= griech. ἕως), das, zwar noch nicht in der alten Sprache, aber episch und klassisch oft in der Bedeutung »mittlerweile, inzwischen« der 1. Person präs. vorausgeschickt wird bei Ankündigung eines Vorhabens und sich auch mit der III. Imper. findet (Böhtling Roth VI 134 c). [1]

Allen diesen Fällen ist gemeinsam, dass der zu Grunde liegende Nebensatz seinem Hauptsatz nachfolgte. Ein solcher nachfolgender Nebensatz hat leicht den Charakter eines Nachtrags, giebt leicht etwas, ohne das der Inhalt des Hauptsatzes im Ganzen seine Giltigkeit hat. Dann ist das Gefüge weniger eng und tritt eine stärkere Pause ein. Wie bei allen solchen Entwicklungen ist auch hier der Grenzpunkt zwischen dem ursprünglichen Gebrauch und dem sekundären nicht scharf zu bestimmen und an manchen Stellen ein derartiger Satz

---

sich an den Endpunkt der Hauptsatzhandlung anknüpft. So z. B. Verg. Georg. III 558 *iamque catervatim dat* ⟨scil. Tisiphone⟩ *stragem atque aggerat ipsis in stabulis turpi dilapsa cadavera tabo. donec humo tegere ac foveis abscondere discunt.* ⟨Vgl. Wagner zu d. St., den Hand Tursellinus II. 291 f. mit Unrecht bekämpft, wenn auch die von Wagner ebenfalls dahin gezogene Stelle Aen VI 745 anders zu fassen ist⟩ Ferner aus der Kaiserzeit z. B. Tacitus Agr 26, 11 *fuit atrox in ipsis portarum angustiis proelium, donec pulsi hostes.* Hist. II 15, 1 *cœsi rigidis, perrupta castra, trepidatum apud aeris, donec silente pudatim metu, occupato iuxta colle defensi, mox irrupere.* Sueton de gramm. 18 p. 111, 5 R. *deinde in perpula docuit, donec commentario Zmyrnae edito adro includit, ut haec de eo scriberentur.* id. 21 p. 118, 6 R. *M. Valerius Probus Berytius diu centuriatum petiit, donec taedio ad studia se contulit.* Unrichtig glaubt Dittmar Studien zur lateinischen Moduslehre 305 ⟨der der Auffassung Gröbers folgend die Geschichte von *donec* auf den Kopf stellt auch für Pl. Amph. 597 mit negativem Hauptsatz!⟩, Zimmermann, Archiv für lat. Lexikogr. V 571 sogar für eine ganz fragmentarisch erhaltene Stelle der zwölf Tafeln (Fest. p. 348 M. p. 521, 4 Th.) diese jungere Bedeutung der Partikel nachweisen zu können. Es verdient übrigens bemerkt zu werden, dass Cæsar *donec* gar nicht, Cicero anscheinend nur sehr selten gebraucht hat.

[1] Das häufige ἕως und das einmalige ὄφρα (O 547) im Sinne von τέως, τόφρα bei Homer und der sich an ihn anschliessenden Dichtung gehören nicht hieher, da sie nicht an der Spitze ihrer Satze zu stehen und diese Satze selbst zum jeweils Vorausgehenden nicht nähere Beziehung zu haben pflegen. Wenn aber neuere Homerherausgeber dieses ἕως ohne weiteres ausmerzen, so ist dies nicht ganz unbedenklich. Die blosse Möglichkeit τέως oder vielmehr τῆος, τόφρα überall ohne Schwierigkeit einzusetzen, ist noch kein Beweis dafur, dass die τ-Formen ursprünglich dagestanden haben. Und jedenfalls ist man auch so gehalten, das Dasein dieser Formen zu erklären. Nun finden sie sich, wie man längst beobachtet hat, nur vor unmittelbar folgendem μέν in einem mit einem Adversativsatz, der angiebt, was nach Ablauf der durch ἕως, ὄφρα bezeichneten Zeit geschieht. Ja sie herrschen in dieser Redeform fast ausschliesslich. τόφρα μέν findet sich gar nicht; τέως μέν sicher nur π 139, während es ο 231 und ω 162 falsche Correctur für τῆος ist, was durch α 348 und π 370 bestatigt wird, wo μέν nur von einem Teil der Handschriften geboten wird. Offenbar ist ἕως μέν, ὄφρα μέν Nachbildung von ὅτε μέν, das neben τότε steht, wie diese neben τέως, τόφρα. Bei ὅτε ist, da es nicht zum Relativum gehört, sondern auf ig. so *qe* beruht, der Gebrauch ursprünglich. Ob nun diese Nachahmung von ὅτε μέν den Dichtern selbst zuzutrauen oder erst durch nachtragliche Redaktion in den Text gekommen ist lässt sich schwer ausmachen. Für das zweite liesse sich das τέως vielmehr τῆος μέν π 139 geltend machen; man könnte sagen, im Gebrauche von ἕως μέν hätten die Dichter konsequent sein müssen, während die Redaktoren dies eben nur so weit sein konnten, als der Wortlaut es zuliess: π 139 sträubte er sich aber gegen die Einsetzung von ἕως. Strikt ist dieses Argument nicht. Beweiskräftiger ist O 277 bei Λαναοὶ ἕως μὲν ὁμηλύδον αἶν ἕποντο, wo der hässliche Hiatus und die zenodotische Variante τέως die Unursprünglichkeit der aspirierten Form erweist. Jedenfalls muss die redaktionelle Einsetzung von ἕως sehr alt sein, weil sie das μέν nicht bloss von α 348, π 370, sondern auch von ο 231, ω 162 ignoriert, s. oben.

sowol noch als Nebensatz, als auch schon als Hauptsatz verstehbar. Im Deutschen, wo die beiden Satzarten durch die Wortstellung formal geschieden sind, ist der Übergang von Neben- zu Hauptsatz sprunghafter und daher eben seltener. Wenn die oben erwähnten Konzessivsätze Hagedorns *»Wie darfst du dich doch meinen Augen weisen? Wiewohl du kommst mir recht«* Hebels *»Wiewohl das Weissbrod schmeckt auch in dem Schloss nicht übel«* die Wortstellung von Hauptsätzen zeigen, so kann man damit vergleichen, dass anderwärts solchen Sätzen eine sonst zur Anknüpfung von Hauptsätzen dienende Partikel eingefügt wird. So findet sich im Altindischen neben jenem *yávad* etwa noch *hi* »denn«. Auch das lateinische *nisi tamen* (Pl. Aul. 805 u. s. w.) ist so zu beurteilen, sowie besonders eine Kallimachusstelle, Hy. V (Lav. Palladis), 55 πότν' 'Αθηναία, τὸ μὲν ἔξιθι· μέσφα δ' ἐγώ τι τηνῶδ' ἐρέω »Athene, geh hinaus; inzwischen, (oder: alsdann) will ich diesen etwas sagen«. μέσφα, bei Homer mit dem Genetiv konstruierte Präposition, hat bei den Alexandrinern die von seinem Synonymum μέχρι schon viel früher erreichte Verwendung als Konjunktion gefunden: Fr. 221 μέσφα Καλχηδόνιος ἦλθεν ἐς ἀντιδίκην. (Daneben μέσφ'ότε »bis« »so lange als«.) Hier finden wir es in der Weise des indischen *yárat* oder des lateinischen *donec* weiter entwickelt und so verselbständigt, dass man dazu kam, δέ beizufügen. Otto Schneider, der das Verdienst hat, für die Überlieferung eingetreten zu sein, ergänzt zu μέσφα δ' aus ἔξιθι ein ἴν ἔξῃς. Ich weiss für gerade solche Ellipse keine Parallele. Vor allem passt *bis du hinausgehst* nicht in den Zusammenhang. Ein mit μέσφα gebildeter Konjunktivsatz müsste, um zu passen, den Inhalt haben »bis du wieder herein kommst« oder so lange du fort bist«. Und ein diesen Inhalt wiedergebendes Verbum lässt sich nicht supplieren. Dagegen muss allerdings bei einem alexandrinischen Dichter die Möglichkeit in Betracht gezogen werden, dass ein Ausfluss falscher Gelehrsamkeit vorliege. Man könnte sagen, Kallimachus habe, weil er ἴως bei Homer im Sinne von τέως verwendet fand, sich berechtigt geglaubt, auch μέσφα so zu verwenden. Aber sein μέσφα δ' liegt von Homers ἴως μὲν sehr weit ab. Vgl. S. 34 Anm.

Ganz bloss auf nachfolgende Nebensätze ist diese Erscheinung nicht beschränkt. Im modernen Englisch wird die Wendung *(but) to return to*— »um zurückzukommen auf—« in der Schrift wie ein Satz für sich behandelt und dahinter stark interpungiert. Gewiss der jetzigen Aussprache und dem jetzigen Sprachgefühl gemäss. Auch die lateinischen Sätze wie *sed ut libere dicam, quid sentiam* hatten eine stärkere Pause hinter sich, als andere etwa vorausgehende *ut*-Sätze, weil sie eigentlich nicht dem unmittelbar folgenden Hauptsatze untergeordnet sind, sondern dem zu supplierenden Verbum des Sagens. Dieses ist gewissermassen durch die Pause vertreten. — —

In jene obigen Stellen aber mit Hypotaxis aus Parataxis gliedert sich die Charmidesstelle ohne Schwierigkeit ein. Ihr δέ sondert sich von dem δέ in Aristoph. Av. 78 nur dadurch, dass jenes einen Infinitiv, dieses einen Genetiv regiert. Gab es aber einen Satztypus mit δεῖ = ἐὰν δέῃ, so konnte dafür leicht δεῖν eintreten, weil solches δεῖ auch, ebensogut als mit einem hypothetischen Nebensatz, mit dem absoluten Partizip δέον gleichwertig war und von ihm den Auslaut -ν übernehmen konnte. Umbildung eines Wortes nach einem Synonymum oder einem Gegensatzwort gehört zu den gewöhnlichsten Erscheinungen, vgl. z. B. Schuchardt Ueber die Lautgesetze p. 7. Windisch KZ. 27, 170. Osthoff Perfekt 363 Anm. Reichliche Beispiele dafür haben in den letzten Jahren Johansson Indog. Forsch. 3, 204, 215 ff. und Bloomfield Amer. Journal of Philology 12, 1 ff. geliefert. Oben S. 20 habe ich mir gestattet für πλεῖν von diesem Erklärungsprinzip Gebrauch zu machen und werde es unten S. 40 f. für ἐνδός wieder thun. Recht ins allgemeine Bewusstsein scheint es aber noch nicht übergegangen zu sein, da selbst noch in der dritten Auflage von G. Meyers Griechischer Grammatik so evidente und meines Wissens schon längst ausgesprochene Erklärungen wie die von ἀγήγοχα (ἀγήγοχα, ἀγήοχα) und ἐδίδοχα ignoriert werden (p. 640 f.). Jenes beruht auf Anbildung des verlorenen primären Perfekts von ἄγω an das sinnverwandte ἐνήνοχα, und homerisch ἐδήδοται, wozu die Attiker das Aktiv ἐδήδοκα hinzu bildeten, ist natürlich πέποται nachgeahmt, womit es χ 56 ὅσσά τοι ἐκπέποται καὶ ἐδήδοται ἐν μεγάροισιν unmittelbar verbunden ist. Und so giebt es noch vieles, das meines Wissens noch nicht notiert ist. In griechischen Mundarten finden wir πόθοδος »Einnahme« nach ἀνάλωμα »Ausgabe« zu ποθόδωμα umgestaltet; auf Kreta (Monumenti ant. 3, 278. VI 15) ebendanach ὀρτίκμα zu ἀρτίδωμα. Für Homers ψυχρός »kalt« brauchen Hippokrates und Xenophon ψυχεινός nach ἀλεινός »warm«. Altlateinisch findet sich statt ren »Niere« auch rien (Festus p. 277 a, 5) nach lien »Milz« und für ridnitas (Plautus Rud. 665 r. copiarum) im Sinne von »Unfruchtbarkeit« setzt Cato de agri cult. c. 141 riduertatem, offenbar nach ubertas »Fruchtbarkeit«. Etwas weiter ab liegt z. B. διπλάσιων, das in der Kaiserzeit neben διπλάσιος trat, weil sich die Multiplicativa mit den Komparativen begrifflich berühren.

Wenn in dieser Weise δεῖν nach δέον entstanden war, konnte es nicht bloss, wie wol an der Aristophanesstelle, für präsentisches δεῖ, sondern auch wie an der Lysiasstelle für ἔδει eintreten: indem es eben von δέον dessen Indifferenz gegenüber dem Unterschied von Präsens und Imperfektum übernahm.

Freilich für die unter c) aufgeführten drei Stellen hilft diese Erklärung nichts, weil man wol an keiner ein δεῖ einsetzen könnte. Man könnte vermuten, dass, nachdem im V. Jahrhundert δεῖν als Nebenform von δέον aufgekommen war, es im IV. Jahrhundert als solche auch da verwendet wurde, wo für δεῖν seiner Herkunft aus δεῖ gemäss ursprünglich keine Stelle war. Ich verweise auf das, was oben S. 30 für Demosthenes' πολλοῦ δεῖν festgestellt wurde. Aber die Sache ist viel einfacher. Wol könnte an diesen drei Stellen δέον stehen. Aber das wirklich dastehende δεῖν ist nicht im Sinn von δέον gesetzt, sondern nichts als ein Infinitiv.

An der Enthyphronstelle ist der Infinitiv in bekannter Weise (Nauck zu Soph. Trach. 1238) durch das ὡς φράσιν hervorgerufen, an der Charmidesstelle hat ganz natürlicher Uebergang in die Oratio obliqua stattgefunden, und dass an der Xenophonstelle ὡς c. inf. vorliegen könne, wie im selben Werke 6, 5, 42 ἐλπίζειν δὲ χρή, ὡς ἄνδρας ἀγαθοὺς — αὐτοὺς γενήσεσθαι, hat man schon längst bemerkt.

Der Vollständigkeit halben sei zum Schluss noch eine Stelle erwähnt, wo δεῖ im Sinne von δέον überliefert ist: Demosth. 8, 24 ὅτι τοίνυν δύναται ταῦτα ποιεῖν, ἐνίους μαθεῖν ὑμῶν δεῖ (so SL, vulgo δέον), λέξω μετὰ παρρησίας. Wenn δεῖ richtig ist, was ich bezweifle, so hätten wir einen Fall der sonst sehr seltnen kausalen Parataxe. Man trifft sie im rhodischen Chelidonismos Vs. 13 μικρὰ μέν ἐστι, ἐκδίως μὲν οἴσομεν »da sie klein ist, werden wir sie leicht tragen«. Im Grunde gehören hieher auch die einen altertümlichen Typus vertretenden γάρ-Sätze, die dem Satze, dessen Inhalt zu begründen ist, vorausgehen, und die Sätze mit οὕκων, οὕκων δή bei Herodot I 11, 17. I 59, 12. IV 11, 13.

7. ΔΕΣΠΟΙΝΑ

hat Osthoff Perfekt 45 ff. im Anschluss an ältere Gelehrte aus *δέσποτνία erklärt. J. Schmidt Kritik der Sonantentheorie 105 f. widerspricht dieser Deutung, weil bis jetzt kein annehmbarer Grund für die Spaltung des einen Worts in πότνια Vok. πότνα und -πονα nachgewiesen sei, und vergleicht -πονα mit afries. famne »Mädchen«, auch »verheiratete Frau«, altnord. feima »Mädchen«, lässt es also aus -ποφνία hervorgehen.[1]) Aber wir brauchen für -πονα nicht ein sexuelles Wort, sondern eines, das »Herrin« bedeutet. δέσπονα von δεσπότης, πότνια, altind. patni zu trennen wird man sich nur dann entschliessen, wenn der von Osthoff angenommene Lautwandel dem Griechischen wirklich abgesprochen werden muss. Die von Schmidt beanstandete Epenthese ist dem Femininalzeichen -ια geläufig; bei πότνα fehlt sie vermöge seines andern Akzents. Den Schwund von δ, θ vor ν hat Osthoff auf den Fall beschränkt, dass der Gruppe Dental + ν ein j folgte und den vorausgehenden Vokal diphthongisch infizierte: ausser -πονα schien ihm noch ἐκίνω dahin zu gehören, das er mit Curtius gemäss hom. ἐρράδατο ἐρράδατο auf *ἐκδνjω zurückführt. Doch wird diese Erklärung durch attisch ἐκνίς »Tropfen« und die andern ἐκν-Formen unsicher. Man darf aber fragen, ob der Schwund von Dentalen vor ν nicht

[1]) Nach Schmidt a a.0. 106 ist δεσπωνjαν auf der kyzikenischen Inschrift IGA. 501 unter Einwirkung von δεσπότηjα dialektisch aus δεσπωνjα entstanden. Aber es ist von der Inschrift nur noch ein Bruchstück mit -ωνjαν erhalten, der Rest bloss aus einer alten Abschrift Chandlers bekannt, der die Hasta für ι übersehen mochte.

in weiterm Umfang anzunehmen ist. Hinter kurzen Vokalen ist allerdings τν, ὃν, θν häufig, vgl. z. B. φάτνα, ἔπνος, πλαπαδνός ἔθνος πελιθνός 'Λλοπιδνα, ἔθνος ἐθνεῖος. Aber hinter Diphthong findet sich diese Konsonantengruppe nur, wo Kontraktion vorausgegangen ist: παιδνός, Λίτνα, dessen dreisilbige Grundform nach Schoemanns wol sicherer Emendation bei Hesiod Th. 860 vorliegt. Umgekehrt giebt es Wörter, wenn auch nur wenige, wo ν auf einen Diphthong folgt, das Grundwort aber hinter dem Diphthong einen Dental zeigt.

Schon das Etymol Magn. 393, 50, dem hierin Christ Lautlehre 73 folgt, lässt εὐνή aus εὔδω gebildet sein. Eine einleuchtende Deutung: *εὐδνή: εὔδω = φερνή: φέρω. Der Spiritus macht keine Schwierigkeit. Altes *εὔδω mit Lenis liegt noch vor in Εὐδάνεμοι, Namen eines attischen Adelsgeschlechts; die Nebenform Εὐθάνεμοι (Töpffer Attische Geneal. 110) stammt aus der jüngern Aussprache des Verbums mit Asper, die selbst wiederum aus Synonymen übertragen ist, ähnlich wie der Asper von ὁράω vielfach auf die zugehörigen ἰδ- und ὀπ-Formen übertragen wurde, z. B. καθοδόντες, ἐγκαθιδών, ἐπεῖδε, ἐπόπτης, ὑρολία bei Thumb Spiritus Asper 59 72. Das der attischen Gemeinsprache fast ungeläufige εὔδω richtete sich nach ἥκαι ἴζω, καθεύδω nach κάθημαι καθίζω. — καινός stellt man gemeinhin zu altind. kanyā »Jungfrau« kániyas- »jünger« u. s. w. Aber im Gegensatz zu diesen altindischen Wörtern pflegt es sich nicht auf das Lebensalter zu beziehen, überhaupt nicht von Personen gebraucht zu werden. Vielmehr heisst es eigentlich »ungewohnt, ausserordentlich«. Aus den ältesten Autoren, bei denen das Wort und seine Sippe vorkommt, Aeschylus, Sophokles und Herodot, citiere ich Agam. 1071 καίνισον ζυγόν (Wilamowitz: «Füge dich dem ungewohnten Joche«), Choeph. 492 μέμνησο δ᾽ ἀμφιβληστρον, ὡς ἐκαίνισαν (Wilamowitz: »gedenk auch an des Netzes unerhörten Trug«), Eumen. 406 καινὴν δ᾽ὁρᾶσαν τήνδ᾽ ὁμιλίαν χθονός (ungewohnte Gesellschaft) περιπό μὲν οὐδὲν, θαῦμα δ᾽ ὄμμασιν πάρα. Soph. Phil. 52 ἀλλ᾽ ἤν τι καινόν, ὧν πρὶν οὐκ ἀκήκοας, κλύης. Oed. Col. 1543 ἐγώ γὰρ ἡγεμών σφῶν αὖ πέφασμαι καινός »ein eigenartiger Führer«. Hdt. 2, 100, 11 καινοῦν »eine Neuerung machen«. Doch findet sich zwar nicht bei Aeschylus, bei dem καινός überall (auch Pers. 665) mit »ungewohnt, ausserordentlich« gedeutet werden kann, aber doch bei Sophokles aus dem Begriff des Unerhörten der der Neuheit entwickelt, am deutlichsten Oed. Rex. 91, 6 τὰ καινὰ τοῖς πάλαι τεκμαίρεται, und Trach. 1165 μαντεῖα καινὰ τοῖς πάλαι ξυνήγορα. Haben wir die Urbedeutung von καινός richtig bestimmt, so gehört es zu καίνυμαι »sich auszeichnen«. Brugmann Grundr. II 1012 nimmt an, dass dieses zu κέκασμαι (oder vielmehr κέκασται) von καδ- nach der Analogie δαίνυται: δέδασται gebildet sei. Aber δαίνυται »er speist« und δέδασται »ist geteilt« liegen zu weit aus einander, um so als Muster dienen zu können. Und völlig ausgeschlossen wird Brugmanns Annahme durch καινός. Dasselbe gilt von Osthoffs Vorschlag Perfekt 460 καίνυμαι aus καίνυμαι ungebildet sein zu lassen — ein wenig wahrscheinlicher Flexionswechsel! — und *καίνυμαι aus *καθνυμαι zu deuten. Aber doch können wir καίνυμαι von κέκασται nicht trennen. Legen wir *καιδνυμαι *κυῶνος zu Grunde, und betrachten wir κυᴅ- und κυᴅ- als verschiedene Tiefstufenformen zu einer Hochstufenform κᾱᴅ- (ursprünglich kail-) nach Massgabe von Brugmann Grundriss² I 504, so ist alles in Ordnung. Auf Grund von δέσποινα, εὐνή, κυνός darf man bei ein par noch ungedeuteten Wörtern auf die neu sich darbietende Möglichkeit einer Deutung aufmerksam machen, so bei ἵνις »Sohn« : ἰθαγενής »echtbürtig«, κυνός : κύδομαι, ἐριούνης : οὐῖαξ.

Ich darf wol dabei an das erinnern, was ich KZ. 30, 293 ff. über den Schwund eines Labials zwischen langem Vokal und μ zusammengestellt habe. Ich übersah damals ἐλομός (aus *ἐλομμός von ἐλαίρω; Ahrens Kl. Schr. I 235 des einfachen μ wegen aus ἐλίνω) bei Soph. Akrisios Fr. 66 und CIA. II 167, 85 (kurz nach 307 a. Ch.), wofür CIA. II 831, 3 (ca. 391 a. Ch.), das genenerte ἐλομμός gelesen wird. In Bezz. Beitr. 17, 318 fügte Froehde Hom. κίμμειξ Dornhecke« Aeschyl. Fr. 9 κίμεξ (= δρμμός) hinzu, was deutlich zu lat. saepes saepio gehört, also auf *κιπμ- beruht. Welche Gewähr das von Theognost angeführte ἐμμμός aus ἐμείρω hat, lässt sich vorläufig nicht beurteilen. Und vielleicht hilft nun diese Betrachtungsweise noch einen alten Streitpunkt heben, nämlich ob aus zd im Griechischen ζ oder δ wird. Wer wegen der evidenten Gleichung ὄζος : Ast das erstere für richtig hielt, verwarf das zweite. Aber da schien wieder κύδομαι : got. aistan »sich vor jemand scheuen« δ als Fortsetzung von zd zu fordern, ζ auszuschliessen. Trat vielleicht ζ nur hinter Kürzen ein?

Es sei mir verstattet zum Schluss nochmals auf δέσποινα zurückzukommen. Ποινή als Name der Erinyen (Aesch. Choeph. 935, 947. Eur. Herakles 889? Aeschin. I 190 u. s. w.) ist schon von den Griechen selbst zu ποινή »Strafe« gezogen worden, vgl. Soph. Aias 843 ἴτ' ὦ ταχεῖαι ποίνιμοί τ' Ἐρινύες, und Hes. Th. 217 Κῆρας νηλεοποίνους (Rohde Rhein Mus. 50, 13 Anm.). Noch entschiedener tritt diese Auffassung bei den Römern hervor. Sie könnte ganz wol der Benennung zu Grunde gelegen haben; finden wir doch auch etwa den olympischen Göttern die Abstraktbezeichnung dessen, was sie bringen, als Epithet gegeben: Ἀθήνη Νίκη, Ἀθήνη Ὑγίεια, Δημήτηρ Ἐρινύς, Δημήτηρ Κρᾶτις. Aber immerhin kann, wenn δέσποινα für *δεσποτνια steht, Ποινή auch Plural von πότνια sein, mit dem Akzent von ἀρναί, θυμιαί, τερψιαί, Μελεαναί, Πλαταιαί, Γεραιαί (vgl. Schulze Quaest. ep. 501 f. Wilamowitz Aristoteles u Athen II 41 A., der mit Unrecht glaubt, dass der für die zweite Silbe dieses Wortes feststehende Diphthong die überlieferte Oxytonese ausschliesse) u. s. w. Dies ist nicht bloss der Form nach möglich, sondern auch der Bedeutung nach passend. πότνια(ι) ist Epithet der Eriuys oder der Erinyen Aesch. Sept. 976.987. Eum. 951. Soph. El. 111. O Col. 84, πότνιάδες heissen sie Eurip. Or. 318. Damit gehört zusammen θεσμοφόρους τε ἀγνάς ποτνίας (Epigr. ed. Kaibel 774, 3) und Ποτνιαί bei Theben, das laut Paus. 9, 8, 1 Demeter und Kore geheiligt war und vielleicht auch den Erinyen, vgl. Jebb, Einl. zu Soph. O. Rex² p. XVIII. Bei dem τῶν Ποτνιέων ἱερὸν τῆς Μεγάλης (Herodot 9, 97) denken die Erklärer an die einen wie die andern. Dazu kommt, dass Demeter und Persephone δέσποινα heissen Paus. 5, 15, 3. 6. 8. 27. 4 u. s. w. — Den Ausschlag für die zweite Deutung scheint mir Theognost bei Cramer Anecd. Ox. 2, 23, 17 ποινάδες βάκχαι[1]) neben Eurip. Bakch. 664 βάκχας ποτνιάδας εἰσιδών zu geben. Als »Herrinnen« konnten die Bakchai bezeichnet werden, nicht aber als Strafen«.[1])

8. ΜΕΝΤΟΝ

an Stelle von μέντοι ist uns aus der Koine bekannt. Chrysipp, der aus Prinzip stilistisch nachlässig war (Plutarch De repugn. Stoicorum c. 28, p. 1047 B), wandte es an: ebenso die mazedonische Kanzlei: wir treffen es in Philipps Brief an die Larissäer (Collitz 345) Z. 38. Es drang sogar als Variante für μὲν θήν Θ 448 in den Homertext; man kann hiemit die von Zenodot aufgenommenen jungen Sprachformen wie ἐκάθευδον vergleichen. In welcher Gegend dieses μέντον zuerst aufkam, wissen wir nicht. Wenn Heraklides (Cohn, Berliner Studien I 651) sagt: ἔστι τὸ οὐ μέντον (Θ 448) Ἀργείων καὶ Κρητῶν γλώσσης, οἳ πολλάκις ἐξαιροῦντες τὸ ἰ ἐντάττουσι τὸ ν, τὴν εἰς πρόθεσιν ἐν· λέγοντες καὶ τὸ τιθεὶς τιθένς, so ist deutlich, dass er nicht Denkmäler des argivischen und kretischen Dialekts kannte, die dieses μέντον aufwiesen. Er schrieb μέντον diesen Dialekten bloss darum zu, weil sie in manchen Wörtern ein ν haben, wo die andern Dialekte, insbesondere die attische Schriftsprache, ein ι bieten.

μέντοι enthält das τοι, das sich aus einem Dativ-Genetiv des Pronomens der II. Person zu einer Partikel des Gegensatzes entwickelt hat. Ich wüsste nicht, wie man sich ein μέν-τον als alte Parallelbildung dazu zurecht legen wollte. So scheint es wie gegeben, es als Umbildung von μέντοι zu fassen. Aber was soll das Muster hiezu gebildet haben? Adversative und überhaupt satzanreihende Partikeln auf -ον sind dem Griechischen sonst fremd. Da μέντον dem Kunstgewächs, das man Koine nennt, angehört, wird eine ganz andere Art sekundärer Entstehung denkbar. Für den Begriff »innen im Hause«, dann »innen« überhaupt besass das Griechische ein altes Wort, das von Meringer, Zeitschr. f. d. östr. Gymn. 1888, 152 schön als Zusammenrückung aus ἐν und einem i-losen Lokativ des einsilbigen Wortes für »Haus« gedeutete ἔνδον, dessen beachtenswerter Akzent mit dem von πρός με zu vergleichen ist. Das Attische hat dieses Wort wie manches Alte bewahrt, während es die meisten andern Mundarten dem Schema der landläufigen Lokaladverbia einzupassen suchten. Schon Homer stellt

---

[1]) Wenn M. Schmidt zu Hesych s. v. ποινάδες) nach dem Vorgange Lobecks Parall. I 218 Anm. an der Theognost-Stelle ποινάδες für ποινός einsetzen will, korrigiert er damit den Autor selbst, da dieser ja von Wörtern mit οι handelt.

daneben noch πόθι, οἴκοθι das synonyme ἔνδοθι, nach πόθεν οἴκοθεν das auf die Frage »woher?« antwortende ἔνδοθεν, woran sich das spätere ἐνδοθιδως anschliesst. Delphisch führt die Entsprechung mit ἔξω zu ἔνδω, ebenda (Wescher-Foucart 87, 4: ἐνδὸς μένοντα) und in Syrakus (Cramer Anecd. Ox. I 345, 1) die Bedeutungsverwandtschaft mit ἐντὸς zu ἔνδος, während das gortynische ἔνδος (Monumenti ant. III 81, Nr. 149, 4) in Anbetracht seiner Konstruktion mit dem Genetiv umgekehrt als eine Modifikation von ἐντὸς unter dem Einfluss von ἔνδον zu bezeichnen und ἔνδος für ἐντὸς auf einer aus Bithynien stammenden Inschrift des V. Jahrhunderts von Solmsen KZ. 34, 58 richtig aus der kleinasiatischen Aussprache nd für nt erklärt worden ist. Aber am verbreitetsten scheint doch die Umbildung nach οἴκοι und den andern Adverbien auf -οι gewesen zu sein: ἔνδοι ist fürs Aeolische (Apollon. de adv. 610, 20), fürs Syrakusanische (id. Theokrit 15, 1. 77), fürs Epidaurische (Collitz 3325, 46. 66) gesichert, auch von Kallimachus Demeterhy. 76 gebraucht; man vergleiche damit die Neubildungen kretisch ἔξοι, epidaurisch ἔχθοι. Vielerorts war man also, wenn man als Gebildeter Koine sprechen wollte, beim Ausdruck des Begriffs »innen« in die Lage versetzt ein -οι des heimischen Idioms durch attisches -ον zu ersetzen. Da passierte es nun leicht, dass man des Guten zu viel that und mit derselben Ersetzung von -οι durch -ον für das gewohnte μέντοι den Hyperattizismus μέντον sprach. ἔνδοι und μέντοι lagen zwar begrifflich etwas weit auseinander, aber sie reimten sich.

Der künftige Darsteller der Koine wird gewiss noch manche ähnliche Missbildungen aufdecken. Nirgends haben solche gefehlt, wo eine Schrift- oder Hochsprache neben einem davon scharf geschiedenen Dialekt gehandhabt werden musste. Eine etwas kühne Vermutung, die gerade das uns hier beschäftigende Sprachgebiet beschlägt, möge man mir zu gute halten. Auf einer Reihe kretischer Inschriften trifft man als Ausgang des Nom. plur. der III. Deklination seltsamerweise -εν statt -ες. Für sich steht unter diesen Beispielen δύο μάτυρεν auf der Inschrift von Gortyn X 32. Es als Schreibfehler für μάτυρες zu nehmen, ist bei der verhältnismässigen Aehnlichkeit von Ν und Σ in der altkretischen Schrift naheliegend. Da jedoch, soviel ich sehe, der Plural statt des Duals auf den altkretischen Inschriften sonst nur in den obliquen Kasus bezeugt ist und auf Nr. 9, 4 der gortynischen Inschriften der prima epoca (Comparetti Mon. Ant. III 3) das [δύ]ο ἐρατ̣α̣ nicht zu ἐρατε[ς] ergänzt zu werden braucht, steht es frei δύο μάτυρεν für δύο μάτυρε zu nehmen und das -ν als falschen Zusatz zu betrachten, wie das ε in πρείν VII 40; δύο *μάτυρε verhielte sich zu μάτύρων δυῶν, δυοῖς μηδί, δύο στατῆρανς auf derselben Inschrift, wie lat. duo zu duorum, duobus, duos. Wie dem sei, gänzlich von gortynisch μάτυρεν zu trennen sind die Beispiele mit -εν für -ες in zahlreichen hellenistischen Inschriften, so ἐπελθόντεν, ἡμὲν, διατρίψαντεν auf den decreta Teia Cauer [2]127, 5. 128, 54. 129, 5; τινὲν Dreros Cauer [2]121 c 41; ἀνγράφοντ[ε]ν, ἀπολύσαντεν auf knossischen Inschriften zu Delos Cauer [2]120, 23. 132,17; κοσμίοντεν Hierapytna Mus. Ital. III 612 Z. 10; ἡμέν, ἐ[γρα]ψόντεν Kretaion Bull. Corr.

Hell. 13, 72 Z. 20; συγγενέων. Μύλασα Mylasa Bull. Corr. Hell. 12, 8f. Z. 3 und 12. Nach dem Vorgang von Meister (Philol. Anzeiger 14 [1884], 260 und) Berliner Philol. Woch. 1888 p. 853 haben G. Meyer, Griech. Gramm. ³456 A. und Brugmann diese Formen als blosse Steinmetzversehen hingestellt. Das ginge an, wenn auch sonst oft in diesen Inschriften ν statt σ zu lesen wäre, und wenn sich das -εν bloss in einer bestimmten Gruppe von Inschriften fände, wo die Aufzeichnung unter besonderen Schwierigkeiten stattfand, etwa bloss in den teischen Urkunden. Beides trifft nicht zu: damit fällt diese Erklärung. Das -εν aber mit Kühner-Blass I 416 phonetisch zu erklären oder mit Baunack Gortyn. Inschr. 70 als eine Erweiterung der Dualendung -ε durch das auch im Dat. pl. auf -σιν und im kret. Akk. sing. auf -α-ν erscheinende ν zu fassen geht auch nicht an: wie sollte der im Kretischen sonst ganz oder fast ganz (s. oben) erstorbene Dual sich haben an die Stelle des Plurals setzen können? um von dem -ν zu schweigen. Ich schlage vor, ἡμέν wie μέντον zu fassen. In der andern Pluralform auf -ες, der I. plur. des Verbums, war man damals gewohnt, wenn man Koine sprach, einheimisches -ες durch -εν zu ersetzen, λύομες durch λύομεν. Hat man das vielleicht auf die Pluralform des Nomens übertragen?

Zwei Schwierigkeiten stehen dieser Erklärung entgegen: erstens (worauf mich ein Mitforscher aufmerksam machte) die Häufigkeit der Endung -ες, die es kaum als denkbar erscheinen lässt, dass, wer Koine lernte, die Übereinstimmung zwischen Koine und Mundart in dieser Endung nicht gemerkt hätte. Sodann würde eine solche Missbildung in Sprachdenkmälern, bei deren Redaktion man Koine beabsichtigte, natürlich sein; für Urkunden, wo man eigentlich kretisch schrieb, freilich mit viel modernem Sprachgut, passt sie schlecht.

9. -ΣΕΙΑΣ -ΣΕΙΕ -ΣΕΙΑΝ

als Endungen der II. III. sg. und III. pl. des Optativs des Aorists sind unzweifelhaft älter als -σαις -σαι -σαιεν. Diese lassen sich als Neubildungen auf Grund der uns zugänglichen Sprachthatsachen begreifen, jene tragen durchaus prähistorischen Charakter. Dazu stimmen bekanntlich die Thatsachen des ionischen und des attischen Sprachgebrauches, der vor 400 -σαι- in den betr. Formen nur vereinzelt zeigt und auch im IV. Jahrhundert -σαι- durchaus vorwiegen lässt. Aelter wiederum aber als dieses unvollständige Paradigma muss die Flexionsweise mit durchgehendem αι gewesen sein. Ein ursprüngliches *τύψαι — attisch lautgesetzlich *τύψη zunächst aus τύψαι könnten wir aus τύψαις mit Sicherheit konstruieren, auch wenn das Zeugnis des Choiroboskos zu Theod. p. 779 = 265, 23 Hilg. dessen Realität nicht erwiese,

und eine 1. II. plur. auf -ειχεν, -εττε bezeugt fürs Aeolische Choiroboskos zu Theodosios p. 565
87, 33 ff. Hilg., ein Zeugnis, das zu verdunkeln freilich der Unverstand von Grammatikern und
Herausgebern wetteifernd bemüht gewesen ist. Warum diese drei »aeolischen« Formen früher
als die andern den κι-Formen haben weichen müssen, ist nicht ganz klar. Doch kann man
mutmassen, dass -ειχεν, -εττε wegen ihrer Ähnlichkeit mit -σκχεν -σκττε diesen erlagen.
anderseits *-σε(ι)κ (*-σκ) dem Trieb zum Opfer fiel, worauf einerseits λύσχε für *λύσχε κ —
* λύω, anderseits aeol. λελύχεν[¹]) für *λελύσκ beruht. Für eine 1 singularis optativi wurde -μι oder
-ην als unentbehrliches Charakteristikum empfunden. Dagegen im Medium findet sich von
Bildungen mit -σκι- keine Spur. Worauf diese Verschiedenheit der beiden Genera des Aorists
beruht und woher das Element -σκι- stammt, soll im folgenden kurz untersucht werden.

Brugmann hat Morph. Unters. 3, 61 ff. die von Osthoff und G. Meyer im wesentlichen
gebilligte und von ihm selbst auch später noch festgehaltene Vermutung aufgestellt, dass -σκι-
auf älterm -ses-i- beruhe, worin -ses- dem -sish- des indischen VI. Aorists entspreche, -i- die
Tiefstufenform des Optativelements darstelle.

Hierin macht erstens das Optativelement Schwierigkeit. Nach altindogermanischer, im
Griechischen wesentlich festgehaltener Weise wird der Optativ hinter dem sogen. thematischen
Vokal o durchweg mit i bezeichnet, daher λύοι, λύοιεν, λύοιτο, aber sonst, also in allen den
Bildungen, die man der Konjugation auf -μι subsumiert, teils mit ιη, teils mit ι, und zwar ursprünglich mit ιη im Singular des Aktivs, mit ι in den übrigen Formen. Hinter dem sigmatischen Aoriststamm — wo ja auch der Konjunktiv ursprünglich kurzen Vokal hat — mussten
wir also im Singular -ιη, somit als Optativ eines mit -σε- gebildeten Aorists *λελσίην *λελσίης
*λελσίη erwarten. In Wirklichkeit erscheint aber keine Spur von einem ι. Brugmann und
die seiner Ansicht folgen (so Osthoff Morph. Unters. 4, 295) helfen sich mit der Annahme,
dass jene zu postulierenden Formen durch Neubildungen verdrängt worden seien; man habe
zu λύσειας ein λύσαις λύσαι gebildet etwa nach ἐλύσαν ἐλύσας ἔλυσε. Das ist so unwahrscheinlich wie möglich. Die Entsprechung von -ιης -ιη mit -ιττε -ιεν (-ιεν) war den Griechen bis
ins IV. Jahrhundert aus einer grossen Anzahl häufig gebrauchter Formen geläufig: warum
sollte man ihr gerade bei diesem Aorist widerstrebt haben? Und wenn man ihr widerstrebt
hätte, wäre Ausdehnung des singularischen ιη auf den Plural, nicht die des pluralischen ι(ε)
auf den Singular zu erwarten. Denn erstens wird sich eher der seltener gebrauchte Numerus

---

¹) Wenn die Grammatiker aeol. ωέγην für -ωγε in den nicht-kontrahierten Verba bezeugen, aber neben
λελύχεν (Sappho Fr. 8), δοίην, ἐγελάγην (Sappho Fr. 159) die Formen ὄαλας, ἔγας, γελάς; in den Denkmälern überliefert
sind, scheint es erlaubt, in der oben vorgeschlagenen Weise -ην auf die I. sing. zu beschränken. Das bei Choerob.
zu Theodos. p. 772, 10 G. = 259, 29 Hilgard überlieferte λελύχης hat der letzte Herausgeber dem Zusammenhang
der Stelle gemäss in λελύχεν geändert.

nach dem häufiger gebrauchten richten, als der häufigere nach dem seltenern. Und dann ist beim Optativ gerade die Neigung, *ει* auf das ganze Paradigma auszudehnen, von Homer an wahrnehmbar. Auch der Akzent macht Schwierigkeit. Was sollte veranlasst haben, das lautgesetzliche *λύσειμεν *λύσειτε, das zu τιθεῖμεν τιθεῖτε stimmte, durch λύσαιμεν λύσαιτε zu ersetzen? Vielmehr musste gerade der Akzent der Pluralformen die Erhaltung von -σειν im Singular begünstigen; da wir ja sehen, dass allein schon der Akzent von ποιοῖμεν σχοῖμεν im Singular die Neubildungen ποιοῖεν σχοῖεν bewirkt hat.

Auch ein Aoristelement -σις- statt des gewöhnlichen σ kann ich nicht anerkennen. Indogermanisch ist es sicher nicht. Der VI. Aorist des Altindischen, der es scheinbar bietet, ist eine Neubildung; bei seiner Erklärung muss man davon ausgehen, dass er bei den Verben auf -ā- zu Hause ist. Und hier ist sein Aufkommen sehr verständlich: wenn z. B. von *ya-* »gehen« ursprünglich abstufend sing. *ayāsam:* plur. *ayishma gebildet wurde, erwuchs daraus leicht zuerst *ayāsam: ayasishma,* dann *ayasisham: ayasishma.* Ähnlich beruht AV. *ramsish-īya* auf Kontamination von RV. *rams-īmahi ranis-īshta.* Ebenso waren einerseits *dixerim dixero,* anderseits das sog. dorische Futurum sehr naheliegende Neubildungen. Was aber, wenn *-ses-* nicht altererbt war, dazu hätte führen sollen, für einstiges *-sīēm* im Aor. opt. *-sesīēm* zu bilden, entgeht mir völlig.

Uebrigens thue ich unrecht, von einstigem Optativ aor. auf *-sīēm* zu reden. In der Grundsprache ist vom Aktiv des sigmatischen Aorists gar kein derartiger Optativ gebildet, worden. Das Altindische zeigt von einem solchen keine Spur. Es bildet einen Optativ mit *yā* nur vom Wurzelaorist, doch so, dass dann diese Bildung — wenigstens in ihrer Ausgestaltung zum Prekativ — auch bei Verben eintritt, die keinen Wurzelaorist bilden (Whitney Am. Journal of Philol. 5,287). Neben *deyāt bhūyama* u. s. w., die zu den Indikativen *adāt abhūma* u. s. w. gehören, und Prekativformen wie 3 sg. *çrūyās*: Ind. * açravam açrot,* tritt im RV. vereinzeltes *aryās yūyas* von *ar(i)- yu-*, die den Aorist nur sigmatisch bilden. Im Avesta treffen wir allerdings neben der II sg. med. *raekhshīsha* die I pl. act. *nāshīma* »wir möchten erlangen«. Aber wenn Bartholomae Grundriss der iran. Philol. 192 f. diese Form in Rücksicht auf ihr *ī* für *yā* für eine junge Bildung nach dem Medium erklärt, so kann sie in dieser Frage überhaupt nichts entscheiden. — Man hat griech. εἰδείην aus *Γειδέσην gedeutet, dieses mit *viderim* gleich gesetzt und in *Γειδέσ*- den griechischen Reflex von altind. *-vedish-* in dem nach der V. Aoristklasse gebildeten *a-vedish-am* sich wusste gesehen. Gegen diese letzte (von Brugmann vertretene) Kombination spricht ausser der Einsilbigkeit der Wurzel *vid-* (welche als ursprünglichen Aoriststamm indogermanisch *veits-* fordert) das Fehlen der Aoristbedeutung bei εἰδείην und dem von Brugmann mit *avedisham* direkt gleich gesetzten *ᾔδεα*. Aber man darf bei εἰδείην überhaupt nicht einstiges Dasein eines irgendwo her stammenden σ behaupten. Die

45

scheinbar so einleuchtende Parallelisierung von εἰδείην εἰδέω mit *riderim ridero*, scheitert schon daran, dass εἰδέω εἰδῶ est nach Homer — offenbar als Analogiebildung zu εἰδείην — für das primitive bei Homer noch überall durchführbare εἴδω εἴδομεν (Tyrannio bei Herodian zu × 174. Schulze KZ. 29, 251 A.) aufgekommen ist. εἰδείην aber gehört naturgemäss mit dem Plusquamperfektum ἤειδη und dem homerisch-ionischen (aber nicht attischen[1]) Futurum εἰδήσω zusammen. Zu jenem trat bei den Aeoliern Γεϝίδημι, zu εἰδήσω in der Koine der Aorist εἰδῆσαι (z. B. in inschriftl. εἰδήσωσι Revue des Etudes grecques 9, 415 f. Zeile 9) und von Aristoteles an, das Nomen actionis εἴδησις. Natürlich ist griech. Γεϝιδ- von dem in lat. *videre* und got. *witan* vorliegenden Tempusstamm *vidē-* nicht zu trennen, wiewol ich das ε für ι der griechischen Formen nicht recht zu erklären vermag. Dies zur Beseitigung eines Irrtums, dessen ich mich selbst mitschuldig bekennen muss.

Wenn wir den ursprünglichen aeolischen Optativ mit dem Optativ der thematischen Verba vergleichen, so treffen wir zwar zunächst Abweichungen, aber nur solche, die wol verständlich sind. Die I sg. und die III pl. des Aorists tragen mehr das Gepräge der Ursprünglichkeit als die des Präsens. Da die Grundsprache am Wortschluss hinter Diphthongen konsonantischen Nasal nicht kannte, ist -σαιν altertümlicher nicht bloss als -οιμι, sondern auch als das seltene -οιν, das so gut eine Neubildung zu -οιμεν nach -οι: -οιμεν ist, wie das neudelphische -οιν in der III pl. (Brugmann Griech. Gramm.[2] p. 145 nebst Anm.)[2] Dass in dieser letztern der Ausgang -ιεν (aus -ιε mit nachträglich angetretnem -ν), wie ihm unser Optativ Aor. und im Präsens das Eleische bietet, das Ursprüngliche und -ιεν aus dem Optativ der Verba auf -μι entliehen ist, hat Osthoff Mu. 4, 291 ff. gezeigt, der nur die Ursprünglichkeit des ιεν in den Verba auf -μι verkannte. — In der II. sg. stammt -ας für -ς deutlich gerade so aus der I. sg. auf -σαα, wie das -ς von ἔλυσας für *ἔλυσς aus ἔλυσα. Ist, wo Homer -σαι bietet, dafür -σαις einzusetzen? Dass im Opt. präs. solches -ας nicht eindrang, hat wol in der frühzeitigen Verdrängung von *λύοια durch λύοιμι seinen Grund. Als vereinzeltes Wagnis ist -αις belegt in homer. ἐπίσχαις, was

_____

[1] [Isokrates] I an Demonikos § 16 τενεθήσης und § 44 εἰδήσεις gehört mit den andern Abweichungen von der Atthis zusammen, die dieses Schriftwerk kennzeichnen.

[2] Sehr mit Unrecht hat man sich durch jenes -οιν, das bloss durch je eine Stelle des Euripides und des Kratinos belegt ist, und dessen Lebensdauer somit vielleicht kein Vierteljahrhundert erreicht hat, dazu verführen lassen, dem Pindar Nem. 8, 38 καλύξαιν zuzutrauen. Allerdings ist an dieser Stelle das überlieferte καλύξαι' nicht zu halten, da es am Versende steht, wo Elision unzulässig ist. Aber es ist einfach καλύξαι zu schreiben: χρυσὸν εὔχονται, πεδίον δ' ἕτεροι ἀπέραντον, ἐγὼ δ' ἀστοῖς ἀδὼν καὶ χθονὶ γυῖα καλύξαι, αἰνέων αἰνητὰ u.s.w. Aus εὔχονται ist als Prädikat von ἐγώ und als Regens des Infinitivs zu ergänzen εὔχομαι, ähnlich wie Olymp. 3,8 aus πράσσοντι zu ἐ τι Ἡσα με γεγωνεῖν ein singularisches πράσσω. Wegen der zum Infinitiv gehörigen partizipialen Nominative ἀδὼν und αἰνέων vgl. Olymp. 1,111 δύναμαι — κλαξέειν — εὔρειν — ἀδὼν. Ein Infinitiv mit dem Kasus eines Substantivs koordiniert findet sich schon Ilias K 173, und Pindar liebt es bekanntlich ungleichformige Glieder zu kopulieren.

der syrische Palimpsest Ξ 241 bietet, während Herodian (wol in Uebereinstimmung mit der Vulgata des Altertums: Ludwich Aristarch I 374) das unerklärbare ἐπισχοιης, Alexander von Kotynion das für die Ilias kaum denkbare ἐπισχοίης vorzogen, letzteres wol nur eine Konjektur für ἐπισχοιης. — Die III. sing. auf -σαι ist eine natürliche Konsequenz der II. sing. auf -σαις. Das mit -οι übereinstimmende ältere -σαι scheint erhalten in arkad. (Collitz 1222, 6) διακωλύσαι (das andere als Futurum zu erklären suchen: Hoffmann Griech. Dial. I 261), homer. Ξ 165 (εἴ πως ἱμείραιτο —) τῷ δ' ὕπνον ἀπήμονά τε λιαρόν τε χεύει ἐπὶ βλεφάροισιν (so der Vindob., die meisten übrigen Handschriften χεύη), χ 98 ἡ Ἔλπίσαι — ἄἴξας ἡ προσπηνέα τύψαι (die Handschr. τύψαι, τυψήσι, τύψει, τύψαι) und (??) in Aeschylus Eumen. 621 (οὐ πώ ποτ' εἶπον μαντικοῖσιν ἐν θρόνοις) ὃ μὴ κελεύσαι Ζεὺς Ὀλυμπίων πατήρ (Hermann κελεύσαι, Person κέλευσε, Weerklein κελεύοι). Ob diese Stellen genügen, um die Existenz des ältern Ausgangs -σαι noch in historischer Zeit zu sichern, hat man freilich bezweifelt. Wenn sich aber doch eines dieser Beispiele definitiv bewähren oder ein sichreres dazu kommen sollte, so sind wir jedenfalls der künstlichen Erklärungen überhoben, die man für die Koexistenz von -σαι und -σαι versucht hat.

Also der aeolische Optativ Aoristi gehört mit dem präsentischen der Verba auf -ω in eine Gruppe.[2] Nach dem, was über den Ablaut ε : ο festgestellt ist, dass nämlich ε in der ursprünglichen Tonsilbe, ο im Nachton zu stehen pflegt, gehört λύοι zu einem Stamme λύο-, λύσαι zu einem Stamm λυσέ-, beides nach der ursprünglichen im griechischen Verbum finitum verlorenen Verbalbetonung. Das erinnert sehr an den mit -sá- gebildeten VII. Aorist des Altindischen, an den in der That Bechtel Gött. Nachr. 1888, 406 unsere Formen anknüpfen will. Aber das Alter dieser Bildung ist problematisch. Sie findet sich nur bei solchen Verben, wo sich aus dem Wurzelauslaut und dem aoristischen s das Produkt ksh ergiebt. Und innerhalb dieses engen Bezirks haben die neun ersten Bücher des Rigveda hergehörige Bildungen nur von mrj-, das eben das synonyme mrksh- neben sich hatte, von guh- (nur einmal!) und ziemlich häufig von duh- »melken«. Es sieht aus, als ob die ganze Bildung von diesem Verbum ausgegangen wäre. Wie sie bei diesem erwuchs, entzieht sich bis jetzt unserer Kenntnis. — Auch das Griechische liefert, wenn man näher zusieht, keine Beweise für das Alter der Bildung. Die Imperative οἶσε οἰσέτω οἴσετε, ἄξετε, πελάσσετον werden unten erklärt werden; die Infinitive οἰσέμεν οἰσέμεναι, περισσέμεναι stehen ohnehin für sich; λέξεο ὄρσεο sind aus λέξο ὄρσο weiter gebildet KZ. 30, 313, ἔπεσον lautete bei Homer noch ἔπετον und wurde erst nach Homer

---

[1] Nur diese zwei homerischen Stellen darf man im Sinne Savelsbergs KZ. 16, 413ff. geltend machen.

[2] So weit gehe ich mit Haberlandt, Wiener Sitzungsber. 100, 935ff. einig, aber nur so weit. Er behauptet einen ablautend flektierten Optativ mit der gleichen Verteilung von ε und οι, wie sich im Indicativ ε und ο verteilen, und nimmt an, dass sich alsdann die σ-Formen im Optativ präs., die σ-Formen in unserer Bildung (hier als Entlehnung aus der thematischen Konjugation) erhalten hätten.

mit dem σ von πεσοῦμαι ausgestattel Solmsen KZ. 32, 546 Anm. Dann γήσετο δύσετο haben nirgends entschieden aoristische Bedeutung (Mahlow KZ. 26, 588), und deutlich nicht-aoristische im Partizip χ 24 οἱ μὲν δυσομένου Ὑπερίονος, οἱ δ᾽ ἀνιόντος. Hesiod Op. 384 Πληιάδων Ἀτλαγενέων ἐπιτελλομενάων ἄρχεσθ᾽ ἀμήτου, ἀρότοιο δὲ δυσομενάων. Wonach auch Hermeshymnus 197 ἠελίοιο νέον καταδυομένοιο wol mit Recht von Voss καταδυσομένοιο eingesetzt worden ist, vgl. Schulze Quaest. ep. 316. Aber auch z. B. in der Phrase δύσετο δ᾽ ἥελιος (σκιόωντο δὲ πᾶσαι ἀγυιαί) erschien den Alten δύσετο als Ersatz für δύετο. Ebenso heisst E 46 = II 343 ἐπισσύμενος »worauf stehend« (anders Ψ 379, das nach λ 608 zu beurteilen ist) und χ 107 ἐς χρόνον κατεβήσετο »sie war auf dem Wege zur Quelle hinab«. So müssen wir bei diesen zwei Verba statt von σε- Aoristen vielmehr von Praesentia auf -σομαι oder -σσομαι reden; (eventuell von solchen auf -σσομαι, weil die Ueberlieferung Homers hinter Längen einfache und doppelte Konsonanz nicht unterscheiden kann). Schön wird dies durch Ο 382 bestätigt: οἱ δ᾽ ὥστε μέγα κῦμα θαλάσσης εὐρυπόροιο νηὸς ὑπὲρ τοίχων καταβήσεται, ὁππότ᾽ ἐπείγῃ ἲς ἀνέμου ἥ γάρ τε μάλιστά γε κύματ᾽ ὀφέλλει ὧς Τρῶες u. s. w. Hier kann καταβήσεται nicht Futurum sein. Aber Naucks und Schulzes καταβήσετο ist überflüssig; ja, da wir in einem indikativischen Gleichnissatz nur Präsens und Aorist brauchen können, falsch. Dieses γήσ(σ)ομαι δύσ(σ)ομαι könnte man mit πτήσω πτώσσω zusammenstellen; wie dieses das Präsens zu πεπτηώς bildet, so wäre γήσσομαι das zu βέβηώς. Etwas ferner stände ἐγήσσω δεδήσσομαι, ganz nahe facio. Eine gewagtere Vermutung darf vielleicht erwähnt werden. βήσσομαι könnte auch zu gadhyö »untertauchen« (Stokes bei Fick⁴ II 161) gehören, ihm dann wegen der gleichen Bedeutung δύσσομαι nachgebildet worden sein, während es selbst an βαίνω angegliedert, wie dieses gebraucht und nicht bloss mit κατά, mit dem es seine Grundbedeutung wahrte, sondern mit beliebigen Präpositionen verbunden wurde.

So bleibt nur ἴξον als Plural von ἴξε übrig, das sich wol auch einmal aufklären wird. (Vgl. Bezzenberger GGA. 1887, 428).

Da der -se- Aorist nichts hilft, könnte man annehmen, dass die Griechen, weil sie im Aktiv des sigmatischen Aorists keinen alten Optativ überkommen hatten, dem II. Aorist das was sie brauchten entnahmen. Man müsste dabei voraussetzen, dass der II. Aorist gemäss der ursprünglichen Betontheit seines Stammvokals ehedem im Optativ αι gehabt und erst später, nachdem das αι zum I. Aorist hinübergewandert war, durch den Einfluss des Präsens οι überkommen hätte. Dass Musterformen untergehen, während die Tochterformen bleiben, ist nichts unerhörtes. Ich erinnere an das aus *octuaginta erwachsene septuaginta, an ὄνομα: ὀνόματος nach *γάμϝα: *γάμϝατος (Kretschmer KZ. 31, 346). Auch finden wir im Griechischen auch sonst Formenaustausch zwischen dem I. und dem II. Aorist. Ohne Belang ist ἔχεσον beim Komiker Alkaios für älteres ἔχεσα nach ἔπεσον, wie schon früher γεσοῦμαι dem Futurum πεσοῦμαι nachgebildet worden war. Lehrreich dagegen ist die Uebertragung von κ als aoristischen Charaktervokals auf den II. Aorist. wodurch dieser viel besser als Aorist charakterisiert wurde. Was Wilamowitz Hermes 22,256 beibringt, zeigt, dass man noch im V.Jahrhundert die Formen des II. Aorists nicht immer scharf als Aoriste empfand. Der klassischen Zeit ist dieses übertragene κ im Grunde noch fremd. εἶπα ist mit εἶπον wenigstens gleich alt, ebenso ὥσσρκντο mit ὥσσροντο, und in att. ἤνεγκα ist das κ zwar übertragen, aber nicht aus dem I. Aorist, sondern aus dem eigentlich unattischen, aber im IV. Jahrhundert in Attika eingedrungenen ἤνεικα, wie daraus erhellt, dass auf den Inschriften gleichzeitig auch ἤνεγκα u. s. w. auftaucht, vgl. Meisterhans² 146 f. Hier ist zugleich auch die Wurzelsilbe der von ἤνεικα angenähert und die alte Flexion noch völliger verwischt. Uebertragung aus dem I. Aorist ist dagegen nicht zu leugnen für syrakus. λάβον, θίγον, ἄνελον und bes. für die κ-Formen des Indikativs in der Koine. Nur muss man hier verschiedene Stufen unterscheiden. Eine erste wird vertreten durch ἐπηύρατο, ἐπκύρκσθκι bei Aristoteles und Hippokrates (doch schon Aesch. Prom. 28 ἐπηύρω überliefert!), γενάμενος mehrmals bei Archimedes (Heiberg Jahrbücher Suppl. 13 (1884), 562), συνείδκμεν bei Apollon. Perg. 4, 13 Hei. (vgl. Hultsch Berliner Philol. Wochenschr. 1891, 778. Erzählende Zeitformen II 54 Anm.); bei Polyb εἴλατο und Genossen (fünfmal), -ίπεσαν (zweimal), ἀπελίπκμεν. In der Mehrzahl der Fälle steht κ hinter ρ, ν, λ oder σ: hinter diesen Konsonanten war man κ im Aorist längst gewohnt, vgl. Curtius Verbum¹ II 287 und beachte Polyb 9, 15, 9 δύνκντος für δύντος zum Präsens δύνω. Die anders gearteten συνείδκμεν, ἀπελίπκμεν dürfen auf das Vorbild von εἴπκμεν zurückgeführt werden. Auf der zweiten Entwicklungsstufe, in der vulgären und spätern Gräcität, tritt dann κ im Aorist bei beliebigen Verben auch ohne speziellere Vorbilder ein. — Also Formenaustausch zwischen den beiden Aoristen ist dem Griechischen nicht fremd. — Die Geneigtheit aber, gerade den Optativ des I. Aorists nach dem des II. zu modeln, kann man aus kyprisch δώκκι zu ἔδωκα folgern.

Trotzdem glaube ich nicht, dass die Uebertragung des ει nach der oben angenommenen Weise innerhalb der griechischen Sprachentwicklung stattgefunden habe. Das οι im II. Aorist scheint sehr alt zu sein: slavische Bildungen wie rĭci zu reka, die im Vokalismus der Wurzelsilbe zum griechischen II. Aorist stimmen, setzen es bereits voraus, J. Schmidt KZ 26, 392. Aber dies Bedenken hemmt uns nicht: die Anfänge des Gebrauchs von -σκ- scheinen in die Grundsprache zurück zu reichen. Es ist Zeit daran zu erinnern, dass das Altindische einige entsprechende Formen bietet: RV. tarushema (allerdings neben der 3 pl. ind. tarushante tarushanta) und im Kāṭhakam janisheyam janisheya (Whitney Roots sv. jan-), wo e, der indische Reflex von ει, hinter dem aoristischen s erscheint. Das sind wenig Belege, aber sie werden einerseits gestützt dadurch, dass vedisch der sigmatische Aorist auch den Imperativ mittelst a bildet: II sg. (neben RV. par-sh-i bezw. RV. nai-sh-ṭa ane-sh-ṭa) RV. parshu AV. nesha; III sg.

neshatu (Vartt. 2 zu P. 3, 1, 34), was Patanjali mit einer Samhitastelle belegt; III sg. und plur. med. RV. *rasa-tām rasa-ntam* (neben Indikativ *árās-ata ras-áthum* Opt. *rās-īya*), wozu im Ait. Brāhmaṇa der Konjunktiv *bharishāt* mit dem *ā* der thematischen Flexion kommt. Diese *a*-Bildung scheint für den Imperativ des sigmatischen Aorists die Normalform gewesen zu sein, woraus die Altertümlichkeit der oben erwähnten homerischen Imperative οἶσε, ἄξετε u. s. w. erhellt. Immerhin beachte man *nesh-ṭāt* bei Patanjali zu V. 2 zu P. 3, 1. 34 und RV. *avid-dhi arishṭa*. — Die andere Stütze für das *-se-* des Opt. aor. sind die auffällig zahlreichen *c*-Optative, die im ältesten Altindischen neben unthematischen Indikativen und entsprechenden kurz-vokalischen Konjunktiven stehen. [1] Im Rigveda *açema* von *aç-* »erlangen«: Indik. *áçata* u. s. w., üblicher Optativ *aç-yám* u. s. w.; *drç-éyam* von *drç-* »sehen«: Indik. *dárç-am drç-an adrç-ran adrç-ran* Konj. *darç-at; bhuj-ema* von *bhuj-* »geniessen«: Indik. *bhuj-am* Konj. *bhoj-am bhoj ate; çak-éma* von *çak-* »können«: Konj. *çak-as çak-at*. Opt. *çak-yam* Imper. *çag-dhi çak-tam*. Aus den Samhitās kommen hinzu *rdhet rdhema* für RV. *rdhyām rdhyāma* von *rdh-* »gedeihen«; *radheyam radhet* von der Wurzel *radh-* »erschlagen«, die im RV. nur aoristisch mit *-ī-* und *-ish-* vor den Personalendungen vorkommt, von der aber im AV. bemerkenswerter Weise auch der Imperativ *radha* gebildet wird; endlich *rideyam ridema* nebst AV. *rideshṭa* mit dem prekativischen *s* für RV. *ridyám*. Vielleicht ist RV. *gameyam gaméma gamemahi* von *gam-* »gehen« ebenso zu beurteilen; während die von V. 1 zu P. 3, 1, 86 und Patanjali dazu bezeugten, von Whitney Giornale 7, 252 ohne Grund angefochtenen Formen *upa-stheyam upa-geyam* zu den Wurzelaoristen *asthum agat* wol am besten als Rückbildungen aus altertümlichen Formen der I. plur. u. s. w. **sthema *gema* gefasst werden, in denen sich *-ima* mit ursprünglichem Ablaut an Stelle der allgemein eingedrungenen jüngeren *-yama* gehalten hatte. Es geht aus diesen Beispielen hervor, dass man in der ältesten Phase des Altindischen die thematischen Optativ- und Imperativformen, und zwar die mit betontem zu griech. ε stimmendem thematischem Vokal, gern an Stelle der athematischen verwendete. Es ist verständlich, dass man besonders da nach ihnen griff, wo eine athematische Optativbildung überhaupt nicht zu Gebote stand.

Und nun ist auch die andere Frage: warum ε dem Optativ des medialen Aorists fremd ist, leicht zu beantworten. Hier gab es in der Grundsprache eine athematische Optativbildung. Der Rigveda bietet fünf Bildungen auf *-sīya* (I. sg.), sieben auf *-simahi* (I. pl.), je eine auf *-sīthām* und *-sīrata*; dazu eine Anzahl mit dem prekativischen *s*; zwei auf *-sīshthas*, fünf auf *-sīshṭa*. Der Ablaut von *dishīya* und namentlich der von *masīya* sichert die Altertümlichkeit

---

[1] Dem entsprechend ἄξετ auf einer Schale in München (Kretschmer Vaseninschriften 195 als Rest eines s-Optativs zu πρ-ῦ: zu fassen und daraus das übliche πρε in der Weise von δόος (KZ. 35, 31) hervorgehen zu lassen, wäre eine zu gewagte Vermutung.

7

dieser Formen. Hienach ererbten die Griechen einen Optativ med. *λυσίμην *λυσίμεθα u. s. w. Als im Indikativ -λυσα- zur Alleinherrschaft gelangt war, wurde nach dem Muster von ἱστάμην: ἱσταίμην jenes λυσα- durch λυσαι- ersetzt. Vielleicht schon als diese Ersetzung stattfand, jedenfalls später hätte -σίμην ganz isoliert gestanden: -ίμην nach Konsonant findet sich zu homerischer Zeit nur noch in ἀπορθίμην φθίτο. Sonst hatte sich das optativische ι mit vorausgehendem Vokal zum Diphthong (mit υ zu lang υ) verschmolzen oder hatte andern Bildungen Platz gemacht. Aus dem Medium drang αι dann auch in das Aktiv, für das nunmehr der Optativ des Präsens die Endungen lieferte. Zuerst in der I. sg. und der I. und II. plur., später (im Dorischen so früh als wir es kennen) durch das ganze Paradigma.

In den lateinischen Konjunktiven mit optativischem i hinter s oder hinter r aus s pflegt man athematische Optativbildungen zu sehen, also das i auf indogermanisches ī zurückzuführen; dagegen Haberlandt Wiener Sitzgsber. 100 (1882), 991 deutet sie als sei-Bildungen. Zum Entscheid zwischen den beiden Auffassungen fehlen sichere Anhaltspunkte. Die von Haberlandt beigebrachten Beispiele von inschriftlichem *fareis ambulareis*, handschriftlichem *faxeit comedereis prohibesseis* beweisen ebensowenig für -sei- als etwa *faxit faxsit* in der lex agraria von 111 (CIL. I 200) für -si-. Die italischen Sprachen kennen diese Bildung überhaupt nicht (Planta Gramm. der oskisch-umbr. Dialekte II 315 ff.), sondern nur den in lat. *essem amarem* u. s. w. erhaltenen *sē*-Konjunktiv, der übrigens seiner Form und noch mehr seiner Bedeutung wegen nicht wie gemeinhin geschieht, an den griechisch-arischen Konjunktiv angegliedert werden darf. — Für Haberlandt spricht immerhin eines: wenn die von ihm bekämpfte herrschende Ansicht richtig wäre, müssten *faciem* *faxies* *faxiet* als ursprüngliche Formen des Singulars gefordert werden, und bei der grossen Häufigkeit z. B. gerade dieser Bildung von *facio* würde das völlige Verschwinden solcher Formen befremden. Und da nun das Altindische und das Griechische nur einen Optativ auf -sei-, nicht einen auf -siē-: si- kennen, wird man *faxit* auf -seit zurückführen dürfen. Sollte einmal ein Beleg zu Tage treten, der altes ī (nicht ei) sichert, so hätten wir in *faxit* eine Neubildung nach Art des oben S. 44 besprochenen avestischen *nashīma* zu sehen.

Es sei mir gestattet anhangsweise ein par Worte über zwei andere griechische Personalendungen anzufügen. Brugmann MU. 1, 180 f. stellt den homerischen Konjunktivausgang -ησι in der III. sg. mit dem der I. sg. auf -ωμι insofern gleich, als er ihn wie diesen als eine Uebertragung aus der Konjugation auf -μι fasst. Diese Auffassung scheint jetzt die herrschende zu sein (vgl. G. Meyer Griech. Grammatik³ 541); mir ist sie unverständlich. Erstens kann -ησι sehr wol ursprünglich sein, natürlich ohne das ι, das ihm erst aus der kürzeren Form auf -η zugeführt wurde, wie ja auch die Endung -ησι von Tyrannio laut Oros -ηι geschrieben wurde (Reitzenstein zur Geschichte der Etymologika 200) und wie seit ziemlich früher Zeit sogar in der III sg. Optativi -οιι für -οι eindrang: ίοίτι (geschrieben ΙΩΙΕΙ) auf einer Inschrift von Troezen (Bull. Corr. Hell. 17 (1893), 86 Z. 5), die der Zeit des Uebergangs vom einheimischen zum ionischen Alphabet angehört, εἴη in Teos und auf Papyri u. s. w.: Barth De Coorum titulorum dialecto III f. (Beachte Herodas II 87). In welchem Jahrhundert man bei der Rezitation und Niederschrift Homers -ηαι für -ηαι einzusetzen begann, lässt sich nicht feststellen. Jedenfalls scheint der Diphthong von den Grammatikern vorgefunden worden zu sein, vgl. besonders Lobeck Elementa II 264 f. Warum soll nun -ηαι nicht der direkte Abkömmling der indogermanischen III. sg. auf -ēti sein dürfen, die durch die zahlreichen vedischen Formen auf -ati und durch avestisch -āiti gewährleistet wird? -ηαι kann aber nicht bloss alt sein, es muss es, weil nicht abzusehen ist, was dazu hätte veranlassen sollen, -αι aus den Verba auf -μι herüber zu nehmen, und insbesondere, weil auch die sicher unursprüngliche Endung -οιηαι für -ω erst verständlich wird, wenn -ηαι von Alters her gegeben war. Dagegen wird alles klar, wenn wir ein altes ἐθέλω ἐθέληαι nach τίθημι τίθηαι in ἐθέλωμι ἐθέληαι umgemodelt sein lassen. Vier unter den zahlreichen homerischen Formen auf -ηαι haben -ωμαι neben sich erzeugt; ohne daneben stehendes -αι sind bloss Ξ 63 ἴδωμαι (ἴδωμαι??) und τ 490 κτεΐνωμαι entstanden. Brugmanns Vermutung, dass die II sg. auf -σηα den Ausgangspunkt für -μι und -αι gebildet habe, ist darum unwahrscheinlich, weil -σηα ausserhalb des Konjunktivs nur in einigen und nicht den häufigsten Formen -μι und -αι neben sich hatte. Allerdings war -ηαι schon für die homerischen Dichter ein Archaismus, wie viel mehr für die, welche es ihnen entnahmen, wie Ibykos.

Sodann noch ein Wort über die aeolische Imperativendung -ντων -σθων. Nach Meyer Griech. Gramm.³ 652 Anm. ist dafür eine Erklärung bisher nicht gefunden. Was neuerdings Hirt (Indog. Forsch. 7, 197 ff.) versucht hat: -ντων -ντο als Reflexe der altind. III. plur. Medii (?) -atam zu erweisen, scheitert ausser an der aktiven Bedeutung an der Unmöglichkeit -ντω von -το zu trennen. Die Erklärung der Bildungen ist aber so einfach, dass ich mich fast scheue sie hinzusetzen; zudem hat sie Brugmann Griech. Gramm.² 175 im Grunde schon ausgesprochen. Die Imperativendung -τω -σθω finden wir auf dreierlei Weise pluralisiert: durch Antritt von -ν, später von -σαν hinter -τω z. B. ἔστων φερέτωσαν, παθέσθων φερέσθωσαν; durch Einfügung von ν bezw. Ersetzung von ε durch ον vor -τω z. B. φερόντω ἀελόσθω; durch Kombination von beidem z. B. δόντων ἐπιμελόσθων. Bei der ersten und dritten Weise dienten die aktiven Präterita als Muster, am meisten die selbst auf -ω ausgehenden wie *ἴδον ἔδιδω ἔγνω ἔτλω: deren Pluralformen aber endigten in der alten Sprache auf -ον. Folglich musste sich im Aktiv *-τον -ντον, im Medium -σθων einstellen. Gegenüber dem aus dem Singular eindringenden ω hielt sich *-τον nicht, weil es auch dualisch war. Ueber die Fortdauer von -ντων haben wir uns weniger zu wundern als über die Allgemeinheit von -ντον, wofür die sonstige Verbalflexion gar kein Muster lieferte.

10. ΧΡΕΩΝ

haben schon die alten Grammatiker als eine Art Partizip gefasst. Herodian I 509, 23 nennt es μετοχικόν und Suidas lässt es aus χρέον, Partizip von *χρέω, hervorgegangen sein. Auf dieser Annahme fusst auch die einzige ernsthafte Erklärung, die von der neuern Philologie für das Wort versucht worden ist, die von Ahrens. In der mit Recht viel gepriesenen Erörterung, worin er die eigentümliche Flexion von χρή aus einer Verbindung dieses ursprünglich substantivischen Wortes mit Formen von εἰναι erklärt (De crasi et aphaeresi p. 6 = Kleine Schriften I 58)[1], fasst er χρεών als ... e χρή, ὃν natura mutatione Ionico-Attica ut βασιλέος ex βασιλῆος.«

Die Erklärung ist ansprechend, und es lässt sich viel dafür anführen. Wenn sich die Griechen nicht gescheut haben, χρή mit dem Infinitiv zu verbinden und χρῆναι zu bilden, kann uns auch ein partizipiales χρή, ὃν nicht wundern. Und dass solche Verbindung gewagt wurde, hat Ahrens 1873 (Kl. Schr. I 462; vgl. Wilamowitz zu Eurip. Herakles 311) aus Demokrits ὃς δ' ἂν — τὰ χρὴ ἐόντα (oder χρεύοντα) μὴ ἐρδ (Stob. Ecl. 2, 9, 8 Wachsm. Mullach Fragmenta philos. graec. I 183 Fr. 118) erwiesen. Andrerseits scheint der thatsächliche Gebrauch von χρεών im Ganzen Auffassung als Partizip zuzulassen, ja in einzelnen Fällen solche zu fordern. An den meisten Stellen ist χρεών synonym mit χρή: es wäre also nach Ahrens' Auffassung der Nominativ sg. ntr. des Partizips an Stelle des impersonalen Verbum finitum verwendet. Nun ist das im Griechischen gerade bei den begrifflich nächst stehenden Verba nicht ganz selten zu treffen. Man führt etwa an: Thuc. 3, 44, 2 εἰ μὴ ξυμφέρον. 3, 59, 2 ὡς πρῖνον ἡμῖν. Lys. 18, 11 οἷς μάλιστα προσῆκον τιμᾶσθαι. 25,7 ἀπορχόνω ὡς — οὐδέν μοι προσῆκον κακόνων εἶναι τῷ πλήθει. Plato Leg. 2, 670 D ἃ τοῖς τηλικούτοις τε καὶ τοιούτοις ᾄδειν πρέπον. Isae. 6, 50 ἰδεῖν ἃ οὐκ ἐξὸν αὐτῇ. Demosth. 3, 1 ὥστε σκέψασθαι δέον. Hyperides or. fun. col. 13, 30 = § 39 εἰ δέον εἰπεῖν. Beliebt ist diese Ausdrucksform, wie im Neuen Testament (Paulus ad Cor. II 12, 4 und Acta Apost. 2, 29 ἐξόν für ἔξεστι), so überhaupt in der Kaiserzeit bis auf die Byzantiner herab. Zahlreiche Belege aus dieser spätern Litteratur giebt, zum Teil im Anschluss an Bast, Bernhardy zu Dionys. Perieg. p. 843. Auch dem volkstümlichen Inschriftenstil dieser Zeit ist sie nicht fremd. Vgl. in den von Wilhelm in den Wiener Denkschriften 44, VI herausgegebenen cilicischen Inschriften p. 124 Nr. 20 ἄλλῳ δὲ μηδενὶ ἐξὸν ἐπενγκλεῖν (ähnlich Nr. 205).[2] — Ferner kann das substantivische τὸ χρεών mit τὸ δέον, τὸ προσῆκον u. s. w. verglichen werden. Es liegt

---

[1] Diese Abhandlung erschien 1845. Schon sieben Jahre vorher hatte Ahrens χρή als Substantiv bezeichnet, Kl. Schr. I 24. 1879 nahm er die ganze Frage nochmals auf in seinen Beiträgen zur griech. und latein. Etymologie I 53 ff.

[2] Rassow Emendat. Aristot. p. 6** vindiziert ἔων für δεῖ auch dem Aristoteles. Aber s. dagegen Bonitz im Index s. v. — Herodot 1, 119, 11 wird für cl. γὰρ δή ὄεον jetzt mit K richtig εἰ γὰρ δή ὄεον als Infinitiv der oratio obliqua geschrieben.

53

vor bei den ionischen Philosophen: Anaximander Fr.2 κατὰ τὸ χρεών, Heraklit Fr.62 γενόμενα πάντα κατ' ἔριν καὶ χρεών (cod. χρεώμενα, em. Wilamowitz Herakles[1] II 68); vgl. Herodot 7, 17, 10 τὸ χρεὼν γενέσθαι, — bei den Tragikern: Aesch. Choeph. 930 κάνει γ' ὃν οὐ χρῆν καὶ τὸ μὴ χρεὼν πάθε, Eurip. Iph. T. 1486 τὸ γὰρ χρεὼν (Wilamowitz χρὴ) σοῦ τε καὶ θεῶν κρατεῖ. Hel. 1636 τὸ δὲ χρεὼν ἀρείλετο. Fr. 494,3 τὴν μοῖραν εἰς τὸ μὴ χρεὼν παραστρέφων. Temenid.733,3 τὸ γὰρ χρεὼν (Wilamowitz χρὴ) μεῖζον ἢ τὸ μὴ χρεών. Fr. trag. adesp. 368 τό τοι χρεὼν οὐκ ἔστι μὴ χρεὼν ποεῖν, — bei Pl. Phaedr. 255 A. προϊόντος δὲ ἤδη τοῦ χρόνου ἥ τε ἡλικία καὶ τὸ χρεὼν ἤγαγεν εἰς τὸ προσέσθαι αὐτὸν εἰς ὁμιλίαν. [Plato] Axioch. 364 C ὅπως ἀστενακτὶ ἐς τὸ χρεὼν ἴῃ. 365 B εἰς τὸ χρεὼν ἀπιέναι. Zahlreiche Beispiele liefert die Reminiszenzgräzität der Kaiserzeit. Von Diodor 15, 80, 3 und Strabo 1, 3, 21 (p. 61) an ist es hier Mode; mit auffallender Vorliebe braucht es Pausanias. Unter den Beispielen der klassischen Zeit sieht besonders das aeschyleische κάνει γ' ὃν οὐ χρῆν καὶ τὸ μὴ χρεὼν πάθε mit seiner Entsprechung von χρῆν und χρεὼν partizipial aus. Man vergleiche damit Eurip. Herakles 311 ὃ χρὴ γὰρ οὐδεὶς μὴ χρεὼν θήσει ποτέ nebst den Bemerkungen von Wilamowitz. — Ja sogar als absolutes Particip wie δέον und προσῆκον findet sich χρεών: Solon Fr. 34, 6 νῦν δέ μοι χολούμενοι λοξὸν ὀφθαλμοῖς ὁρῶν πάντες ὥστε δήιον, οὐ χρεών· ἃ μὲν γὰρ εἶπα, σὺν θεοῖσιν ἤνυσα, wo man freilich οὐ χρεὼν auch als selbstständigen Hauptsatz nehmen kann, was die Herausgeber der Ἀθηναίων πολιτεία, aus der erst χρεὼν in diese Stelle gekommen ist, und ebenso Crusius in Bergk-Hillers Anthologie vorziehen. Ferner Herodot 5, 50, 7 χρεὼν γάρ μιν μὴ λέγων τὸ ἐόν —, λέγει δ' ὤν und Thuc. 3, 40, 4 εἰ γὰρ οὗτοι ὀρθῶς ἀπέστησαν, ὑμεῖς ἂν οὐ χρεὼν ἄρχοιτε· εἰ δὲ καὶ οὐ προσῆκον ὅμως ἀξιοῦτε τοῦτο δρᾶν, — δεῖ —. Aber ohne Rest geht χρεὼν im Partizip doch nicht auf. Wie will man darin die Stellen unterbringen, wo es ohne Veränderung auch im Genetiv χρεὼν heisst? So Eurip. Herakles 21 τοῦ χρεὼν μέτα, Hippolyt 1256 μοῖρας τοῦ χρεών τ'. Diodor 15, 80, 3 ὑπὸ τοῦ χρεὼν ἀγόμενος. Dio Chrysost. 30, 24 τοῦ χρεὼν ἐπιστάντος. Es kommt überhaupt nur in der Form χρεὼν (oder χρεόν, s. unten) vor: Heerens von Wachsmuth Stob. Ecl. 2, 9, 3 für Demokrit rezipierte Vermutung τὸ χρίοντα sündigt nicht nur gegen die Überlieferung (χρεέοντα s. oben S. 52), sondern auch gegen den Sprachgebrauch.

Sodann ist Ahrens' Erklärung phonetisch unmöglich. χρεὼν soll auf *χρεόν zurückgehen, wie βαθλέος auf βαθλῆος. Aber diese Umstellung der Quantität ist erstens ausschliesslich ionisch-attisch, kann also für Pindars χρεὼν nicht in Frage kommen; Ahrens Beiträge z. griech. u. latein. Etymol. 1 64 gesteht dies selbst zu und sieht sich genötigt, bei Pindar χρεόν in den Text zu setzen. Aber auch attisch-ionisch tritt solches εω für εο nur im Inlaut ein und hier nur unter bestimmten Bedingungen[1]; in der Krasis ist dafür kein Raum.

[1] Dass ηο, ηα attisch nicht in jedem Fall zu εω, εα wurde, ist klar. Aber wenn ich KZ. 27, 266 diese Quantitätsumstellung auf ηο, ηα aus ηϜο, ηϜα beschränkte, so war dies unrichtig. Zwar Johanssons Gegen-

54

Dieser Gegengrund allein würde vollauf genügen. Aber es kommt ein ebenfalls durchschlagender sprachgeschichtlicher hinzu. Sowol χράω als die Verbindungen von χρή mit εἶναι sind griechisch, aber sie gehören nicht genau dem gleichen Griechisch an. Man gestatte mir eine kurze trockene Übersicht der in Betracht kommenden Formen. Jene Verbindungen von χρή sind in älterer Zeit ausserhalb des Attischen nur durch (ἐ)χρῆν vertreten, das schon Pindar, Herodot und mehrere alte ionische Philosophen anwenden. Bei Sophokles und in der alten Komödie kommen der Optativ χρείη (wofür wir χρή erwarten und gemäss der Überlieferung χρείη an der Prometheusstelle mit Ahrens Beiträge I 60 vielleicht in die Texte setzen müssen) und das Futurum χρήσται hinzu, jenes auch bei Aeschyl Prom. 213. Es folgt bei Eurip. Alk. 49,

_____

Bemerkungen Bezz. Beitr. 15, 167 f. sind nur zum kleinern Teile zutreffend. Um einzelnes zu übergehen, entbehrt seine Regel, dass akzentloses χο offen bleibe, dagegen χο, χοι kontrahiert werden, aller Ratio. Wenn der Akzent überhaupt von Einfluss war, so musste er gerade umgekehrt wirken. Immerhin gebe ich zu, dass wenigstens für στασ die Annahme einer Grundform στηῒας nicht nur keinen Anhalt hat, sondern es wegen πτας „Teig" vielleicht erwünscht wäre. στας auf στηῒας zurückführen zu können. Es kann überhaupt das Urteil über χο (nebst χοι), χα nicht von dem über ζο, ρο, σα getrennt werden. Für diese steht nunmehr fest, dass sie in zweisilbigen Wörtern überhaupt unkontrahiert bleiben (Schulze Quaest. ep 163. Solmsen KZ 32. 526 f.); in längern Wörtern nur, wenn einst ῒ dazwischen stand. Dass sie muss auch für χο, χο, χα gelten, nur mit dem weitern Bedingnis, dass dann χ zu ε wurde mit Verlängerung einer eventuell folgenden Kurze. Daraus folgt, dass z. B. χρῖος auf *χρη,ῒος, *χρη ῑϝος oder *χρη ενος beruhen kann, dagegen z. B. στείρος nur auf *στεριος, und anderseits, dass es von *ζήϝω „leben" ursprünglich hiess *ζηϝος ζως ζῆ ζωρον u.s w. und *ζιον ζοντος, dass also ζῶ ζῶν auf Ausgleichung beruhen.

Das scheint nicht auf πόλιος zu passen, für das man, da es dreisilbig ist und sein Stamm keinen ω-Laut enthält, Kontraktion erwartet. J. Schmidt KZ. 27, 290 lässt es nach dem Muster βασιλέως; βασιλῆ zum Dativ πόλη hinzugebildet sein Die Akzentverschiedenheit schliesst aber eine solche Analogiebildung aus. Und es ist unnatürlich, πόλεως nicht als direkte Tochterform von homerisch πόλιος zu fassen. Dann aber verlangt eben die attische Form, dass dieses πόλιος auf *πόλη,ῒος zurückgehe. Und da weiterhin πόλιος nach Schmidts schönem Nachweis nur als Nachbildung des Lokativs πόλη verständlich ist, muss dieser ursprünglich πόλη,ῒ gelautet haben. Schmidt erklärt πόλη als durch Anfügung von ι an eine alte Lokativform auf -η entstanden, die mit ihrem χ eben aus der Analogie aller übrigen Lokative herausgefallen sei. Der Hauptsatz nach richtig. Nur hätte an eine wirklich vokalisch ausgehende Form nicht ein ι silbenbildend antreten können. Die von Schmidt angerufene Analogie von ἡμεῖας versagt. Im Akkusativ plur. des Personalpronomens trat entweder die nominale Endung -ας an Stelle der pronominalen -ας; ἡμας; oder aber es wurde zum Genetiv plur. zu einer Zeit, als dieser schon von -είων zu -ῒων reduziert war, ein entsprechender Akkusativ auf -ῒας hinzugebildet: ἡμῖας. Nicht aber ist dieser durch Anfügung von -ας an -ι entstanden. So müssen wir unter allen Umständen das einstige Dasein eines Konsonanten hinter dem χ von πόλι fordern. Wenn wir ihn gemäss den attischen Lautregeln mit ϝ ansetzen und damit als vorhistorischen Ausgang des Lokativs der i-Stämme -ει gewinnen, so erhalten wir erstens eine Form, die trefflich zu dem -αυ sti mit, das Indisch und Iranisch im Lokativ derselben Stämme neben -α bieten, und das wir keinen Grund haben als indranische Neuerung zu betrachten. Und weiterhin hört nun das ϝ in der kyprischen i-Deklination auf, ein Rätsel zu sein. Formen wie πτόλιϝι, Κυπραγόραϝος, Ἱερόνϝος, Τιμογόραϝος danken ihr ᾽ alten Lokativen auf -ειϝι. Der kyprische Genetiv und Dativ Ἐδαλίωϝος ϝι geht uns, da es ein barbarischer Name ist, nichts an. Die attische Nebenform πόλεως, die bei den Tragikern einen nicht in der lebenden Sprache begründeten, sondern durch metrische Regeln bedingten Vorzug genoss, ist nicht zur attischen πόλιος, sondern beruht auf einer Akkommodation an die gewöhnliche Deklinationsweise, wie att. ὁπτᾷ statt phonetisch *ὁπτῇ und ionisch βασιλέος statt phonetisch βασιλεῦς; einer Akkommodation, die beim attischen βασιλέως in Folge der Häufigkeit dieses Paradigmas nicht Eingang fand.

in der alten Komödie und bei Soph. Phil. 999 der Konjunktiv χρη, und bei den ältesten attischen Prosaisten (Resp. Athen. 3, 6. Antiphon 5, 12. 5. 81. 6, 28. Thucyd. 8, 78) und der ihnen gleichzeitigen Komödie (Ar. Eq. 542 u. s. w.) der Infinitiv χρῆναι. Endlich bildet Demokrit χρεώντα, ohne Nachfolge zu finden. Von den übrigen Formen sterben χρῆ und χρῆσται schon mit dem fünften Jahrhundert wieder aus, auch χρεών wagt Lysias nach 12, 44 nicht mehr. Der einzige Beleg dafür aus dem vierten Jahrhundert ist, so viel ich sehe, Plato Rep. 3, 394 D. Länger lebt χρῆναι bei Demosthenes bis zur Kranzrede (§ 210); es fehlt aber bei Aeschines und Hyperides. Diese letzten zwei, und ebenso Aristoteles haben neben χρη bloss (ἐ)χρῆν.

Wesentlich anders lautet die Geschichte von χρεών. Sie beginnt mit Solon 34, 6 und Theognis 564. Dann ist χρεών häufig in der ionischen Prosa: Herodot und die Philosophen (ich habe Belege aus Anaximander, Heraklit, Diogenes von Apollonia, Demokrit zur Hand), auch Hippokrates (z. B. de aere c. 21 p. 64, 1 Kühl.) verwenden es als geläufigen Ausdruck. Es ist ferner ein Lieblingswort der poetischen Sprache des 5. Jahrhunderts: Pindar Pyth. 2, 52. 3, 2. Nem. 11, 17; Choirilos bei Stob. Ecl. 3, 27, 1 Hense (Fr. 7 Kinkel); Parmenides (viermal): Aeschylus hat es acht, Sophokles achtzehn, Euripides weit über hundert Mal: alle drei Tragiker vorzugsweise im Ausgang des Trimeters. Es ist natürlich, dass ein den Ioniern und zugleich den Tragikern geläufiger Ausdruck dem Thucydides nicht fehlt; wir finden bei ihm sechs Beispiele. Aber der reinen unstilisierten Atthis, wie sie durch die Komiker und die Redner vertreten wird, fehlt das Wort. Die Redner liefern überhaupt kein Beispiel. Aristophanes bietet es Pax 1029 in einer lyrischen Partie, Pax 765 in Anapaesten, Nubes 1447 in Dimetern. Im Trimeter nur zweimal (wenn man die Konjektur Dindorfs Eq. 1290 χρεών ἐμ' für δεήσει μ' beiseite lässt): Eq. 138 τὸν προβατοπώλην ἦν ἀρ' ἀπολέσθαι χρεών ὑπὸ βυρσοπώλου und Kokalos Fr. 347 Kock ἥνικα γε τοὺς νεωτέρους δαιπνεῖν χρεών. An beiden Stellen muss ein besonderer Einfluss diesen dem höhern Stil angehörigen Ausdruck veranlasst haben. Die andern Komiker kennen das Wort gar nicht; den Vers μικροῦ δὲ βιότου ζῶντ' ἐπικυρεῖσθαι χρεών, den Meineke unter den Fragmenta anonyma der Komödie IV 607, 20 b aufgeführt hat, liest man jetzt mit Recht unter den Fragmenten der Tragiker, Nr. 68 der adespota Naucks[2]. — Eine eigentümliche Bestätigung liefern Plato und Xenophon. Xenophon, der doch in Anwendung nicht-attischer Wörter nicht sehr wählerisch ist, bietet, wenn ich nicht irre, bloss Hellen. 7, 1, 28 und Cyrop. 6, 2, 24 χρεών εἴη, und Plato hat in der grossen Mehrzahl seiner Dialoge χρεών gänzlich gemieden. Sehen wir ab von Phaedr. 255 A ἥ τε ἡλικία καὶ τὸ χρεών,[1)]

[1)] Ob dieses χρεών durch den Stilcharakter des Abschnitts, worin es steht, genugend motiviert wird, oder eben doch den Indizien beizuzählen ist, die für späte Abfassung des Dialogs sprechen (woruber zuletzt Arnim De Platonis dialogis quaestiones chronologicae, passim, bes. p. 21), will ich unentschieden lassen. Theaet. 158 C ἄπορόν γε, ὅτῳ χρη (sic T; χρόνῳ χρη B) ἐπιδεῖξαι τεκμήριον ist χρεών für χρη eine müssige Konjektur verwendet er es nur in der sich auch sonst stilistisch stark abhebenden Gruppe von Dialogen, die seinem Greisenalter angehören: je einmal im Sophistes und Politikos, zweimal im Kritias, dreimal im Timæus; ja in den Gesetzen nicht weniger als 57mal. (Diese Zahlen nach Ritter Untersuchungen über Plato S. 6. 50.) Dieses plötzliche Auftreten von χρεών hat mit der Vorliebe des greisen Plato für periphrastischen Ausdruck (Ritter 74) nichts zu thun, da χρεών nicht periphrastischer ist als χρή, sondern gehört zusammen mit seiner zunehmenden Neigung, die Atthis mit poetischen Wörtern und Wortformen zu verbrämen (Ritter 73f.). Man vergleiche, dass (nach Ritter S. 79) Plato ausser in Dichtercitaten die Dativformen auf -οισι -αισι, abgesehen von drei Belegen im Phaedrus und sechsen in der Republik, nur im Politikos (viermal), im Timaens (zweimal) und in den Gesetzen (85mal!) anwendet, sowie folgende zwei zufällig aufgegriffene syntaktische Einzelheiten: Pl. Tim. 92 A bildet für ὡς ohne ἂν im eigentlichen Finalsatz nach Weise der Dichter den einzigen Beleg in der attischen Prosa, vgl. Weber in den Beiträgen zur historischen Syntax II 2, 56f., und die Phrase ὡς ἐν φράζειν (Polit. 282 B) hat nur in Aesch. Ag. 1584 ὡς τοράως φράσαι einerseits, in der Epinomis 986 E ὡς μὲν ὀνόματι φράζειν andrerseits Entsprechungen (Ps.-Demosth. 11, 16 συνελόντι φράσαι), vgl. die Zusammenstellungen bei Grünenwald 29 33. 36 f. — Aristoteles, bei dem übrigens auch χρή fast ganz in Abgang gekommen ist, wendet χρεών in eleganten Digressionen als gewähltes Worte an (Diels Archiv für Geschichte der Philosophie I 495), und zwar nach dem Index von Bonitz fünfmal in der nikomachischen Ethik, einmal De part. an., auch hier in einem Exkurs allgemeinen Inhalts. Unter der Herrschaft der Koine, die ja poetisches Sprachgut nicht prinzipiell verschmäht, begegnet es hie und da in verbaler Bedeutung, z. B. Ps.-Aristot. De mundo p. 398ᵃ 8 εἰ χρεὼν στερεωμάτωδέσμον εἴς δῆσαι, Philodem De pietate p. 41 Gomp ὡς χρεὼν εἶν, Herodian I 7, 7 Lentz βαρύνειν χρεών. Sehr häufig ist es von der augusteischen Zeit an als Substantiv, s. oben S. 53.

Dies ist der Thatbestand. Auf Grund dessen stelle ich den Anhängern der Ahrens'schen Theorie erstens die Frage, warum die echte Atthis, die zur Zeit des peloponnesischen Krieges alle Verbindungen von χρή kennt, doch gerade die partizipielle Verbindung χρεών verschmäht. Es ist dies besonders auffällig, weil die dem Partizip nächst stehende Verbindung, der Infinitiv χρῆναι, sehr fest sitzt und sich bis tief in das IV. Jahrhundert hinein hält. Noch schwerer wiegt ein zweiter Einwand. χρεών ist nach dem uns vorliegenden Material ein Jahrhundert älter als die älteste Verbindung von χρή. Hält es irgend jemand für denkbar, dass, als man daran ging χρή mit Formen von εἰναι zu verbinden, man mit dem Partizip den Anfang machte? Der überlieferte Formenbestand ergiebt, wenn man χρεών auf der Seite lässt, eine ganz natürliche, man kann sagen notwendige Entwicklung. Zuerst äusserte sich das Bedürfnis χρή für präteritalen und irrealen Ausdruck tauglich zu machen: χρῆν; dann, es bedingt und von Zukünftigem zu brauchen: χρῆ, χρείη, χρήσται, und dann im Infinitivsatz: χρῆναι. Auf diesem Punkt der Entwickelung erwarten wir das Partizip: χρεόντα erweist sich eben dadurch, dass es jetzt kommt, bei Demokrit, als das zu χρή gehörige Partizip, es könnte sich nicht schöner e'nfügen. In Attika konnte eine entsprechende Neubildung nicht mehr durchdringen, weil χρή und seine Verbindungen im Rückgang begriffen waren. χρεών ist reichlich anderthalb Jahrhunderte zu alt, um Partizip von χρή sein zu können.

Der Vollständigkeit halben, ohne für jetzt Gewicht darauf zu legen, erwähne ich einen dritten Einwand, der sich auch der Chronologie der Formen entnehmen liesse. Die Ahrens'sche Erklärung von χρῆν und Genossen ist lautlich unanfechtbar — zumal wenn wir χρή einsetzen (oben S. 54) — sie ist auch sonst höchst ansprechend und durch Demokrits χρεόντα anscheinend gegen jeden Zweifel gesichert. Dennoch bleibt ein Bedenken. Die Bildung von χρῆν setzt nominale Wertung von χρή voraus; aber χρή funktioniert bereits in der Ilias schlechtweg wie ein unpersönliches Verbum. Weder bei Homer noch später kommt es je mit ἐστί verbunden vor (ausser in einer unrichtigen Vermutung Sauppes zu Theognis 806). Da konnte es doch nicht im V. Jahrhundert gemäss seiner vorhistorischen Geltung als Nomen behandelt werden. War das Bedürfnis nach einem Präteritum und Irrealis vorhanden, so wäre es, obgleich χρή keiner 3 sg. präs. glich, doch am natürlichsten gewesen eben einfach ἐ- vorzuschieben. So wurde bei den zugehörigen Komposita ἀπόχρη und κατάχρη, die übrigens ursprünglich wol den Ton auf der Schlusssilbe hatten, ἀπέχρη κατέχρη (bei Herodot mit -α überliefert) gebildet und überhaupt das Paradigma eines η-Verbums durchgeführt. Einem Simplex *ἔχρη »oportebat« stand freilich ἔχρη »er weissagte« im Weg. Und so konnte auch die Versuchsbildung χρῆσαι Herodot 7, 8 δ 3 »oportebit« nicht durchdringen, obwol auch dies von Plato in den Gesetzen 7, 809 B anscheinend wieder aufgenommen wurde. χρὴ ἦν: χρή ist meines Erachtens nur als Nachbildung einer analogen Gruppe erklärlich. Nun liegt die Analogie von ἀγαθόν ἦν: ἀγαθόν (= ἀγαθόν ἐστι) u. dergl. etwas sehr weit ab. Dagegen ist die Erklärung von χρῆν sehr einfach, wenn χρεών älter war als die ganze χρᾶν-Gruppe. Denn wenn χρή ein lautähnliches Synonymon χρεών, seltener χρεών ἐστι, neben sich hatte und dieses ein Imperfekt χρεών ἦν besass, so war χρὴ ἦν die gegebene Imperfektform zu χρή. Dabei können wir dahingestellt lassen, ob die übrigen Bildungen z. T. auch noch auf dem Vorbild von entsprechenden χρεών-Wendungen, also z. B. χρῆ̣η auf χρεών εἴη, beruhen, oder ob für alle andern das Vorbild von χρῆν genügte, was die nicht völlig abzuweisende Meinung des scharfsinnigen Dawes ist, der in den Miscellanea crit. (p. 332) zuerst auch für diese Bildungen die Thatsachen des attischen Sprachgebrauchs aus Licht gestellt hat. Nun ist aber klar, dass, wenn χρεών bereits für χρῆν das Muster abgab, es nicht selbst ein Glied der χρᾶν-Gruppe gewesen sein kann.

Bei dem Bemühen für χρεών die richtige Erklärung zu finden, hilft uns Ahrens' letzte Aeusserung darüber nicht weiter. In seinen Beiträgen zur griech. und latein. Etymologie I 64

58

giebt er, jedoch bloss aus lautlichen Gründen, die Erklärung als Partizip für einen Teil des Gebrauchs von χρεών auf und legt *χρεόν Neutrum eines Adjektivs *χρεός »notwendig« zu Grunde, das Theognis 806 für χρή μέν zu lesen und aus dem sowol das bei Herodot vielfach überlieferte und bei Pindar und Theognis 564 für χρεών herzustellende χρεόν als auch χρεών selbst entstanden sei. Die Schreibung bei Theognis 806 ist sicher falsch. Im übrigen wäre die Vermutung diskutierbar, wenn vom Dasein eines Adjektivs *χρεός eine Spur vorhanden wäre. Aber das Adjektiv χρεϊος, das bei Aesch. Hik. 202. Eurip. Herakles 51. 1337. Fr. 142, 3 »(be)dürftig« und Fr. trag. adesp. 154 (p. 872 N²) »brauchbar« bedeutet, mit gleicher Bedeutungsentwicklung wie χρεία, kann nicht als eine solche Spur gelten. Ich ziehe vor, an wirklich belegtes Sprachgut anzuknüpfen.

Genau so wie bei den Tragikern neben χρή das vollere χρεών steht, steht bei Homer neben ihm χρεώ. Es nimmt an allen seinen Konstruktionen teil. An der mit dem blossen Akkusativ: neben οὐδέ τί σε χρή Η 721 u. s. w. stellt sich Κ 85 τίπτε δέ σε χρεώ u. s. w. An der mit Akkusativ und Genetiv: vgl. z. B. Η 109 οὐδέ τί σε χρή ταύτης ἀφροσύνης mit Ι 608 οὔ τί με ταύτης χρεώ τιμῆς. An der mit dem [Akkusativ und] Infinitiv (an dieser freilich mit einer sehr viel kleineren Zahl von Beispielen, als χρή aufzuweisen hat): vgl. z. B. Β 24 οὐ χρή παννύχιον εὕδειν βουληφόρον ἄνδρα mit Λ 409 τόν δέ μάλα χρεώ ἑστάμεναι κρατερῶς. Während sich aber χρή auf diese Konstruktionen beschränkt und seine substantivische Natur eben nur erraten lässt, findet sich χρεώ als wirkliches Substantiv: als Subjekt von Formen von εἶναι Φ 322 mit Akkusativ und Genetiv, ι 136 mit blossem Genetiv; als Subjekt von γίγνεται δ 634 mit Akkusativ und Genetiv nebst finalem Infinitiv. In ebensolcher Konstruktion (doch ohne Akkusativ) steht Α 341 die spondeische Form χρειώ. Und diese findet sich ausserdem noch sechsmal als Subjekt von ἴκειν, ἱκάνειν, ἱκάνεσθαι mit persönlichem Objekt; δ 312 und λ 164 mit (κατ)ἱκηγει; Κ 172 mit βεβίηκεν. Dazu endlich in anderm Kasus Θ 57 χρειοῖ ἀναγκαίη. Ahrens Beiträge I 66. 72. 74 trennt χρεώ und χρειώ als verschiedene Gebilde aus einer Wurzel und sicht jenes als falsche Umschrift eines ursprünglichen *χρηώ = χρή an. Gegen die gemeinhin angenommene Identität beider Wörter macht er die durchgehende Einsilbigkeit von χρεώ, und die Gebrauchsverschiedenheit geltend. Beides mit Unrecht. χρειώ oder vielmehr nach richtiger Schreibung χρηώ und χρεώ stehen als ältere und jüngere Form gerade so neben einander, wie -ηων: -εων im Gen. pl. der ersten und νηῶν: νεῶν¹) im Gen. plur. der III. Deklination. Die stete Einsilbigkeit von

¹) νεῶν beweist freilich m. E. nichts. Solches η, auf das einst F folgte, wird bei Homer sonst nur an ganz vereinzelten Stellen in notorisch jungen Abschnitten gekürzt: τως Ω 658 π 190. Ἀκρόνεος Θ 101. Ἀναρχίνεος Θ 113, πλέον (πλέων?) ο 353. Ἀγχίσεω λ 131 247 vgl. Θ 353. λ 479 χρέος, an der zweiten Stelle mit gesicherter Kurze auch der Schlusssilbe. Die konstante Kürze in den Paradigmen von Ἀτρέος und Τυδέος, wozu sich Α 394 Ὀδυσῆος gesellt, fasst Schulze Quaest. ep 157 mit Recht als eine Spur, dass die Personennamen auf -εύς einst anders flektierten als die Appellativa. Da fällt es auf, dass nach Gehrig in der Ilias (ohne Κ Ω und ohne Schiffskatalog)

χραώ ist durch seinen Anlaut bedingt, der in der Regel nur vorausgehende Länge erlaubt. Die Synizese ist nicht auffälliger als die fast konstante im Gen. plur. der I. Deklination, oder als die in den Formen von χάλκεος und χρύσεος mit naturlanger Schlusssilbe und in κλλεω (?) 217 (Schulze Quaest. ep. 117). Man vergleiche auch die dreisilbig gebrauchten Formen von Αἰγύπτιος. Leo Meyers Annahme (KZ 7, 208, dass dieses χραώ überall an Stelle von echtem χρή getreten sei, ist möglichst unwahrscheinlich. Moderne Formen drängen sich leicht an Stelle verschollener; hier müsste man das Umgekehrte annehmen. Wenn wir χραώ als die ältere Form ansehen, verstehen wir auch seine von χραώ abweichende Funktion, die eben die ältere ist und ohne welche die von χραώ nicht begriffen werden kann. Ursprünglich war χραώ ein frei, doch vorzugsweise im Nominativ gebrauchtes Substantivum. In Verbindung mit ἔχειν, ἱκάνειν erhielt es den Akkusativ neben sich zur Bezeichnung der Person, welche Nötigung erleidet. Diese Konstruktion bewahrte es als Subjekt von γίγνεσθαι und εἶναι und bei verballosem Gebrauch. Bloss diese Verbindung mit εἶναι und γίγνεσθαι und der verballose Gebrauch vererbten sich auf die jüngere Form χραώ, die wir als die den Sängern wirklich geläufige zu betrachten haben, während χραώ ein Archaismus war, den wir immerhin noch von jüngern Dichtern, sogar in der Telemachie, festgehalten finden.

Jenes archaische Substantiv χραώ wurde von Solon 36, 9 τοὺς δ᾽ ἀναγκαίης ὑπὸ χρειοῦς φεύγοντας, dann von den Alexandrinern und ihren Nachfolgern in der Kaiserzeit wieder aufgenommen; meist im Anschluss an homerische Phrasen (auch an solche mit χραώ), freier von Eratosthenes im Hermes Fr. 11 Hi. Χρειὼ πάντ᾽ ἐδίδαξε, τί δ᾽οὐ χραώ κεν ἀνεύροι. und öfters (1, 440. 491. 650. 3, 173. 4. 358. 1709) so von Apollonios, der es 3, 599 sogar im Sinne von χρῆναι anwendet. Aber was wurde aus dem für die homerischen Dichter lebendigen χραώ, dem halbverbalen Synonymum von χρή? Wir treffen es vor Apollonius einmal bei Parmenides (1, 28 χραώ δὲ σε πάντα πυθέσθαι), für den Angesichts der nunmehr veränderten prosodischen Wertung von χρ- die natürliche iambische Messung ebenso wenig Schwierigkeit machte, als für Apollonius. Im übrigen ist bei Parmenides und ältern und jüngern dichterischen Kunstgenossen von Solon an dafür χρεών eingetreten, im Hexameter meist wie Homers χρεώ. einsilbig: Parmen. 4, 5. 8, 4. 45. 8, 54. (Diels χρεών). Choirilos Fr. 7 Kinkel, zweisilbig Theognis 564; ausserhalb des Hexameters wol immer zweisilbig (Nauck Eurip. Stud. I 7), da Eurip. Iph. T. 1486 und Fr. 733, 3 dafür χρή

61maligem, in der Odyssee (incl. k 9 23maligem νεῶν. 34maliges bezw. 4maliges νεῶν gegenübersteht, also dieses ein ganz anderes Gebiet hat als die vorerwähnten τοις und Genossen; im ältern Gedicht überall zu treffen, tritt es im jüngern ganz zurück. Da kann nicht jener junge Übergang von η (ΓΙ in ε zu Grunde liegen. Verständlich wird νεῶν durch die Annahme, dass darin falsch ionisiertes äolisches νάων stecke und dieses gegenüber νηῶν: äol. νάων die ursprüngliche Ablautform der schwachen Kasus bewahrt hat, die sonst überall, auch in den verwandten Sprachen, verschwunden ist. νῆις, νηυσί, νηξί, νηός, alle viel seltener als die Formen mit η, scheinen zu νηός (eventuell schon zu dessen äolischer Grundform nachträglich hinzugebildet zu sein. Übrigens muss dies Fick schon erkannt haben, da er in seinem äolischen Homer an den betr. Stellen ohne Scheu νάων einsetzt Doch hat er sich, wie es scheint, nirgends darüber geäussert.

einzusetzen sein wird. Dass χεεών nichts anderes ist als Erbin und Tochterform von χεεώ, ist unverkennbar,[1] obwol bei ihm so wenig als beim nachhomerischen χεά die altertümliche Konstruktion mit Akkusativ und Genetiv ohne Infinitiv bewahrt ist. Es bleibt nur übrig den Anwuchs von -ν zu erklären.

χεεώ ist seiner Bildung nach ein Femininum und hat als solches bei Homer femininale Attribute: K 118 = Λ 610 ὀεεχτος, K 172 μεγάλη, Θ 57 ἀναγκαίη (dieses auch Solon 36,9 und Apoll. Rhod 3,988); vgl. Apoll 3,173 ἐρνὴ —χεεώ. 2,1201 χεεώ τις und Triphiod. 406 τίς—χεεώ. Aber Doederlein Homer. Glossar II 219 n⁰ 180 hat gezeigt, dass an den Stellen K 142 ὅτι δὴ χεεώ τόσον ἵκει, Σ 28 τίνα χεεώ τόσον ἵκει, ε 189 ὅτε με χεεώ τόσον ἵκει, die Beziehung von τόσον auf ἵκει unhomerisch, die als Attribut auf χεεώ einzig natürlich ist. Ferner muss man δ 312 τίπτε δέ σε χεεώ δεῦρ' ἄγαγε nach λ 474 τίπτ' ἔτι μεῖζον ἐνὶ φρεσὶ μήσεαι ἔργον im Sinne von τί χεεώ fassen, da 314 δήμου ἢ ὅων, also neutrale Attribute, folgen. Hiernach ist in jüngerer homerischer Zeit neben die gegebene Behandlung von χεεώ als Femininum die als Neutrum getreten. Offenbar, weil man das lebendige χεεώ als Neutrum fühlte. Bei diesem findet sich nie ein femininales Attribut, wol aber lesen wir Λ 606 τί δέ σε χεεώ ἐμεῖο; zu beurteilen nach Eurip. Hek. 976 τίς χρεία σ'ἐμοῦ; k 85 _ χ 225 τίπτε δέ σε χεεώ. Ι 197. 608. Φ322. Ψ 308. δ 707 mit τί χεεώ fallen leichter ins Gewicht. Dieser Geschlechtswechsel steht vollkommen fest; man darf seine Thatsächlichkeit nicht von der Möglichkeit ihn zu erklären abhängig machen. Doch ist er nicht unerklärbar. Er kann auf irgend einem neutralen Synonymum beruhen. Allerdings was zunächst läge, Einfluss von χεεος, kann nicht angenommen werden, da dieses Wort nirgends bei Homer Notwendigkeit bedeutet. Erst im Hermeshymnus (138 κατὰ χεεος »ut oportebat«) und später findet sich dergleichen. Aber sehr wahrscheinlich ist χεά ursprünglich Neutrum gewesen (Ahrens Beiträge I 57). Nur als Neutrum konnte ein Monosyllabum den Nominativ ohne s bilden. Und nun konnte dieses zu einer Zeit, wo bei ihm das Geschlecht noch empfunden wurde, für χεεώ χεεώ Muster werden.

Die innere Sprachform wirkt beständig und in den verschiedensten Teilen des Sprachschatzes auf die äussere. So besonders auch im Genus. Das augusteische Latein setzt *lupa* an die Stelle von *lupus femina*, das nachklassische *haec hospita* an die Stelle von *haec hospes*. Während der Ionier ausschliesslich ἡ θεός sagt, fühlt der Attiker wenigstens bei gegensätzlicher Verbindung mit οἱ θεοί das Bedürfnis zu der Neubildung αἱ θεαί, und bietet das hierin wie in anderm noch modernere Homerisch-Aeolische θεά neben femininalem θεός auch im Singular, und meint in der Phrase (πάντές τε) θεοὶ πᾶσαί τε θέαιναι nur mit dem dreisilbigen θέαιναι deutlich genug zu sein. An die etwas weiter abliegenden Fälle wie Horazens *similis* für älteres *similu* aus griech. ὁμέας sei wenigstens erinnert. Ebenso nun hat χρεώ das schliessende ν von καλόν κάλλιον δέον empfangen. Die Reihe ἡ χρεώ — τὸ χρεώ — τὸ χρεών ist mit der bekannten Reihe *illa potestas* — *il podestà* — ὁ καδεστής parallel. Der Anwuchs des -ν fällt zwischen den Abschluss der homerischen Gedichte und das sechste Jahrhundert. Er ist um so begreiflicher, als inzwischen ein weiteres Moment hinzugekommen war, das die Gestaltung von χρεώ zum Neutrum begünstigte. Während bei Homer der Infinitiv sehr häufig von Femininen wie αἰδώς, νέμεσις abhängt, sind späterhin die einen Infinitiv regierenden nominalen Ausdrücke fast ausschliesslich neutral. — In einem Teil des griechischen Sprachgebiets ging man in der Annäherung an die Neutra auf -ος noch weiter, indem man χρεών in χρεον umwandelte. Diese Form ist zu vielfach überliefert, um erfunden zu sein; bei Parmenides 8, 45 steht sie wol fest. Diels p. 89 will sie bei diesem Autor durchführen, weil das Wort bei ihm stets nur den Wert von zwei Moren hat und sich ausser 8, 54 nur im vierten Fusse findet, wo ein Daktylus erwünscht ist. Ich enthalte mich hierüber eines Urteils, wie auch darüber, wie bei Herodot zu schreiben sei. Wo weder Metrum noch Ueberlieferung χρεόν verlangen, wie bei Pindar, ist χρεών fest zu halten.

Bei Homer regiert χρεώ den Infinitiv teils alleinstehend teils mit ἐστί, γίγνεται. Beides (doch nicht γίγνεται) hat sich auf χρεών (χρεόν) vererbt. Zwar herrscht wie bei Homer das nackte χρεώ, so bei den Spätern das nackte χρεών vor. Nur dieses treffen wir bei Theognis, Pindar, an den zahlreichen Stellen der Tragiker, bei Choirilos, bei Aristoteles. Aber Hippokrates (de aere c. 21 p. 64, 2 Kühl.), Parmenides, Herodot haben nur χρεών (χρεόν) ἐστι, nebst χρεών ἦν (Hdt. 2, 133, 11), χρεών εἴη (Hdt. oft), χρεών εἶναι (Hdt. 5, 111, 14; auch Diog. Apollon. Fr. 1), und zwar Herodot χ. ἐστι anscheinend mit solcher Konstanz, dass man geneigt wäre 8, 75, 5 mit R τὰ λέγειν χρῆν wie 1, 69, 3 zu schreiben statt des χρεόν der andern Handschriften, und 7, 17, 10 τὸ χρεὸν γενέσθαι substantivisch zu nehmen statt als Relativsatz. Andere Autoren nehmen eine Mittelstellung ein. Thucydides und Demokrit haben in der Regel χρεών, aber daneben je einmal (5, 49, 4 bezw. Fr. mor. 208 M.) χρεών εἶναι, Xenophon und einzelne spätere bloss χρεών εἴη. Auch Aristophanes hat, ausser der lyrischen Stelle Pax 1029 mit χρεών ἐστι, neben χρεών nur ἢν χρεών Eq. 138, und Plato ausser in den Leges nur χρεών und χρεών εἴη, aber in den Leges allerdings nicht selten auch ἐστί daneben.

Soweit bleibt χρεών innerhalb des homerischen Gebrauchs von χρεώ. In einer kleinen Minderzahl von Fällen greift es darüber hinaus. Die Substantivierung τὸ χρεών, die teils das einzelne Notwendige (Aesch. Ch. 930. Hdt. 7, 17, 10 [mit Infinitiv]. Eurip. Fr. 491, 3), teils den abstrakten Begriff der Notwendigkeit und die Schicksalsmacht (so bei den Philosophen und Eurip. Herakles 21. Hippol. 1256. Hel. 1636. IT. 1486.) und daran anschliessend bei den spätern vorzugsweise die fatalis necessitas des Todes ausdrückt, folgte aus der Gleichsetzung des Wortes mit den Neutra. Wenn man χρεώ-ν ἦν sagte wie ἀναγκαῖον ἦν, προσῆκον ἦν, verstand sich τὸ χρεών wie τὸ ἀναγκαῖον, τὸ προσῆκον von selbst. Nach τὸ χρεών, nicht, weil er sich des nominalen Ursprungs von χρή bewusst war, wie z. B. Jebb zu Soph. OC p. 231 [2] meint, wagte dann Euripides, da ja χρή und χρεών sonst gleichwertig waren, τὸ χρή Herakles 828, was Wilamowitz Herakles [2] II 74 auch Fr. 733 und IT. 1486 für einsilbiges τὸ χρεών und Nauck Euripid. Stud. I 8 in Hekabe 260 für das überlieferte τὸ χρῆν einsetzt. Wegen des einsilbigen χρεών s. oben; auch die Beseitigung von τὸ χρῆν empfiehlt sich. Das Dasein der Nebenform ἐχρῆν scheint darauf zu weisen, dass man χρῆν als imperfektische Verbalform fasste; also konnte man es nicht wol substantivieren. Wenig wahrscheinlich sind die von Ahrens und von Diels für τὸ χρῆν vorgeschlagenen Erklärungen. Jener sieht darin (Beiträge I 61 f.) eine Kontraktion aus χρέον, was durch Hesychs ξυννός, πάνχρος, παρομία, offenbar falschen Ionisierungen von dorischem ξυναν-παραρ-, nicht gerechtfertigt wird; Diels zu Parmenides p. 59 lässt darin χρή mit *ἐν für ὄν zusammengeschweisst sein, sodass wir darin einen Singular zu Demokrits χρηεόντα zu erkennen hätten. Da Euripides solches *ἐν, wenn es überhaupt existierte, nicht kennen konnte, müssen wir darin eine alte ihm von anderwärts zugekommene Bildung sehen; aber man beachte, was S. 55f. über die Geschichte der χρή-Bildungen bemerkt worden ist. — Dass aber das substantivierte χρεών der Abwandlung unfähig war, ist natürlich. Denn eine oblique Kasusform war in der Sprachüberlieferung nicht gegeben, und oxytonierte Neutra auf -εων, die für eine Neubildung hätten als Muster dienen können, gab es nicht.

Ein Gebrauch freilich von χρεών scheint nicht in gerader Linie altes χρεώ fortzusetzen: der als absolutes Partizip. Stände man bloss dem herodoteischen Beispiel gegenüber und stände bei Herodot die Schreibung χρεόν fest, so liesse sich sein χρεὸν γάρ μιν μὴ λέγειν τὸ ἐόν etwa beurteilen nach Platos und Xenophons δυνατόν für δυνατὸν ὄν (Pl. Rep. 7, 519 D ποιήσομεν χεῖρον ζῆν, δυνατὸν αὐτοῖς ἄμεινον. Xen. Hipp. 4, 17 τὸ μὲν κλαπῆναι δυνατόν, πέμπειν χρὴ τοὺς ἐπιτηδείους κλέψοντας, τὸ δ' ἁρπασθῆναι ἐγχωροῦν ἐρέναι τοὺς ἁρπάσαντας), wo entweder δυνατόν — ὄν zu schreiben oder anzunehmen ist, dass man δυνατόν wegen des Anklang an ἐόν, μετόν diesen gleich setzte. Dass aber χρεών das bei Thucydides nicht beseitigt werden kann, seiner Endung wegen als Partizip habe gelten können, ist nicht glaublich. Ich erkläre dieses χρεών aus χρεὼ ὄν, als altem Participium absolutum zu χρεώ ἐστι, gebildet wie ἐὸν ὄν bei Thucydides, κισχὸν ὄν bei Xenophon u. s. w. Sein -ν hängt mit dem -ν des sonstigen χρεών nur in so weit zusammen, als es dessen Aufkommen begünstigen mochte. Reicht aber dieses χρεών in die Zeit zurück, da noch χρεώ gesprochen wurde, so ist es alt, also auch von dieser Seite kein Bedenken dagegen es bei Solon 34, 6 anzuerkennen. Überhaupt ist der Accusativus absolutus der Neutra, obgleich er bei Homer fehlt, durchaus nichts modernes.

Inhaltsübersicht.

		Seite				Seite
1.	ἄγρυπνος	3	6.	δεῖν, πλεῖν		18
2.	λύθη	4	7.	δέσποινα		37
3.	ἐγκατέρανος und Genossen	8	8.	μέντον		40
4.	ἀτειρής	14	9.	-σειας, -σειε, -σειεν		42
5.	ἀχήν	17	10.	χρεών		52

Verzeichnis der besprochenen Stellen, Wörter und Sachen.

	Seite		Seite
Α 754	15 Α 2	Demosthenes 27, 9	29
Ξ 211	45 f.	„ 27, 24	29
Ο 277	51 Α.	Hyperides gegen Phil. 7	29 Α 2
Alkman Fr. 23, 61 Bgk.	9	Aristot. Rhet. II 14 p. 1390ᵇ 11	21
Semonides Fr. 27	10	„ Ἀθ. Πολ. c. 19 p. 52,2 K.	21
Pindar Nem. 8, 38	45 Α. 2	„ c 27 p. 75, 7 K	21
Herodot 8, 75. 5	61	Kallimachos Fr. 221	35
Aristophanes Av. 1251	19	Theognost Anecd. Ox. II 23. 17	40 Α.
Plato Charmides 171 A	51	Hesych sv. θυσανός	16
„ Theaetet 158 C	55 Α.	Inscr. Graecae ant. 501	37 A
Demosthenes 8, 21	37		
„ 20, 152	20	Cicero Epist. 1, 5, 3	24
„ 21, 185	29 Α. 2	Lucrez 5, 175	24

		Seite			Seite
ἀγέρωχα		36	δεῖ adverbiell		21 ff.
ἄγρει, ἄγρει		3	δεῖν		18.20 ff.
ἄγρυπνος		3 f.	δεξιός, δεξιτερός		11
ἀχήν		17 f.	δέσποινα		37 ff.
ἀθρήξ		16	διπλάσιον		36
αἶα		7 f.	δύνατο		46 f.
αἰανής		7 f.	δήδοκα		36
λύθης		4 f.	εἰδείην		14 f.
αἴδομαι		39	ἔνδοι		11
αἱμακουρία		15	ἔνδον		40 f.
ἀκροσφαλής		15 Α. 1	ἐπίσχετος		15
ἀλοιμός, ἀλοιμός		30	ἐυνή		38
ἄμαξα		6	ἐχθμος		11
ἄργι-		8 f.	χρεών		57
ἀργός		9 f.	ἴος für τίνος		31 Α. 1
ἄσμενος		6* Α.	ἥμας, ἥμας		51* Α
ἀτειρής		14 Α.	θυμα- in Eigennamen		10
ἀχήν		17	ἰχανᾶν, -ᾶσθαι		17
ἄγγεια		18	κακός		38
ῥήγατο		46 f.	καλλι-		10

	Seite			Seite
κάλλιμος	11	τι τον	12
καττ- in Eigennamen	10	αττώση	12
κωδι-	9	τα, βατα	11
λαθι-	9	ρη τερος, ρη τατος	11 f.
λάμπουρις	9	σπόλος	15 A. 2
λεώτερος	11	Ταλαμωνης	9
μα λώγος	10	τρα λός	17
μίντον	40	ραδιος	11
μορα	35	ρεξυγλος	10
μικρόνος	9	ραξιος	15 A
μικρού	28	χαλαπους	9
μικρού δε	28 f.	χραη	54
μικρού δειν	28 ff.	χρηω, χρηω, χρηω	58 ff.
νεον	58 A.	χρεον	53
νωθρουρος	9	χρεων	52 ff.
Ξανθωκλης	10	χρη, u s w	54 f. 56 f.
οζος	30	χρη.ιοντα	53. 57
ολιγου	28	χρη.αι	57
ολιγου δει	28 f.	χρηινός	36
ολιγου δειν	28 ff.		
ορηλωμα	36		
ορρα für τορρα	31 A.	donec	33 f.
πιτ	40 A.	ecenm u. s. w.	25 f.
πλαες, πλιας, πλεια	19	faxim u. s. w.	50
πλειν	18 ff.	necesse est adverbiell	25
ποθουσμα	36	puta	24 f.
Ποτνα	30 f.	quare	22
πώλεος	54 * A.	quia	22 f.
πωιμηνος	10	quin	23
πωινός	11	simius	61
τα	13 f.	tantum quod	32 f.
τα-, οχη-	10	vel	25
ταδιος, ρηλιος	11 f.	rerum	23

Akzent im Nom pl. de au.	39	Lokativ sg der i-stamme	54 A.
Aoristus II mit α	18	Nebensätze aus Hauptsätzen	31 f.
Attraktion	26	Nom. plur. auf -εν im Kretischen	41
Dual im Kretischen	41	Optativ Aor.	42 ff.
Hauptsätze aus Nebensatzen	32 ff	Optativ Pras.	45
Imperative auf -σν	51	Satzteile aus Satzen	21 ff.
Infinitiv der Limitation	30	Spiritus	5. 5 A. 6 38
Komparative auf -ιστερος	12 f.	Umbildung nach Synonymen u. s. w.	36
Komparative auf ιτερος	11	Umstellung der Quantitat	53
Komposita mit ε im Vorderglied	8 ff.	Zeitbestimmungen durch herabgedrückte	
Konjunktive auf -ησι	30 f.	Hauptsatze	27